AUTONOMIA LITERÁRIA

Este livro foi publicado originalmente sob o nome de *The ABCs of Socialism*, pela Verso Books, em 2016.

Coordenação Editorial
Cauê Seigner Ameni
Hugo Albuquerque
Manuela Beloni
Tradução: Everton Lourenço
Revisão: Márcia Ohlson
Diagramação: Manuela Beloni
Ilustração de capa: Phil Wrigglesworth
Capa: Rodrigo Correa

Dados Internacionais de Catalogação na Publicação (CIP)
(eDOC BRASIL, Belo Horizonte/MG)

A134 ABC do socialismo / Organizadores Aline Klein, Bhaskar Sunkara, Victor Marques; tradução Everton Lourenço. – São Paulo, SP: Autonomia Literária, 2022.
160 p. : 13 x 19 cm

Título original: The ABCs of Socialism
ISBN 978-65-87233-85-7

1. Ciência política. 2. Socialismo. I. Klein, Aline. II. Sunkara, Bhaskar. III. Marques, Victor. IV. Lourenço, Everton.
CDD 335

Elaborado por Maurício Amormino Júnior – CRB6/2422

Autonomia Literária
Rua Conselheiro Ramalho, 945 CEP: 01325-001São Paulo – SP
autonomialiteraria.com.br

ABC
do SOCIALISMO

Organizado por
Aline Klein
Bhaskar Sunkara
Victor Marques

Traduzido por
Everton Lourenço

2024
Autonomia Literária

Sumário

Prefácio: Se você odeia o Bolsonaro então vai amar o socialismo.

por Aline Klein e Victor Marques

Nunca antes na história desse país um presidente falou tanto de socialismo. Presente durante toda a sua campanha, e aludido inclusive no discurso de posse, o socialismo não sai da boca de Jair Bolsonaro. Com a proximidade de um novo ciclo eleitoral, a "ameaça socialista" se mantém uma presença constante, ainda que fantasmagórica, em suas falas e atos. A julgar pela verborragia inquieta do capitão e seus fãs, o espectro vermelho volta a assombrar. O socialismo, ao menos nas mentes assustadas da extrema direita, continua vivo – e perigoso! – três décadas depois de ter sido declarado morto.

Esse tipo de paranóia não é exatamente nova. Qualquer um que tenha ao menos começado a folhear o famigerado *Manifesto Comunista*, sabe que Karl Marx e Friedrich Engels abrem o panfleto fazendo chacota daqueles que enxergam comunismo por todas as partes. E, contudo, tanto aqui quanto ali, o medo de assombração não é mero delírio subjetivo, mas aponta para um fato da realidade social: a inerente fragilidade da ordem burguesa e a possibilidade, sempre presente, de que decidamos viver em comum de modo distinto. Nesse sentido, a retórica da ameaça socialista é mais do que apenas uma manobra diversionista – é expressão da ansiedade efetivamente sentida pelos conservadores de que, sendo a sociedade de classes um barril de pólvora sob o iminente e inafastável risco de ir pelos ares, a crise social e política pode, eventualmente, ser resolvida em favor dos debaixo.

Faz sentido que a classe proprietária fique assustada perante esse possível desfecho, afinal, para um burguês, a possibilidade do fim do mundo burguês é experimentada como o fim do mundo – uma catástrofe integral e irredimível. Por isso mesmo, para essa classe o socialismo só pode aparecer como uma versão mais sinistra da própria crise capitalista em curso. O que deixa a nós, socialistas, na curiosa situação de sermos acusados de querer materializar todas as desgraças que... já existem sob o capitalismo! Não deixa de ser irônico quando uma figura grotesca como Bolsonaro afirma que se não fosse ele para tirar o Brasil da "beira do socialismo" o destino do país seria a fome e a falta de liberdade, como se não fosse seu governo o principal inimigo da liberdade e o maior responsável pela tragédia humanitária que engrossou a fila dos ossos e encurtou a expectativa de vida do trabalhador brasileiro.

Talvez Bolsonaro seja hoje um dos maiores aliados involuntários da nossa causa: uma criatura tão abjeta que qualquer coisa da qual fale mal acaba se tornando instantaneamente mais simpática. A crescente impopularidade de Bolsonaro, em especial entre a juventude trabalhadora, na qual é quase universalmente desprezado, oferece uma ótima oportunidade para os socialistas. O rótulo "socialista" não deve, portanto, ser recusado defensivamente, como se fosse uma injúria. Deve ser exibido, orgulhosamente, como uma insígnia de honra.

Ao invés de tentarmos acalmar os ânimos, insistindo que somos fracos demais para representar qualquer perigo, devemos proclamar que a "ameaça socialista" é tão efetiva quanto temem nossos inimigos em seus piores pesadelos: uma vez que a sociedade existente é contrária aos interesses materiais da vasta maioria das pessoas que nela participam, a emergência de um massivo movimento democrático que "mude o mundo de base" é sempre provável, e pode acontecer a qualquer momento. Bolsonaro tem toda razão de não gostar de nós, os socialistas. Afinal, somos precisamente o contrário de tudo o que ele representa, e queremos de fato derrubá-lo. Aliás, não só ele, como também as condições que o tornaram possível: queremos ir à raiz, para dar conta, lá embaixo, dos problemas e impasses profundos dos quais o próprio Bolsonaro é apenas um sintoma particularmente mórbido.

O que é o socialismo?

É absolutamente normal, esperado, e mesmo inevitável, que a classe proprietária forme para si uma desfigurada imagem do socialismo e tente vender seus temores particulares como se universais fossem. Afinal, trata-se da classe que queremos privar de seu poder, retirar do posto de classe dominante. Todo problema é que, enquanto classe dominante, é justamente quem tem a sua disposição os meios para disseminar sua própria perspectiva de classe, e os usa, claro, sem nenhuma hesitação ou escrúpulo. É apenas do ponto de vista dos patrões, desenvolvido intelectualmente por seus ideólogos mercenários, que o capitalismo aparece como a ordem natural das coisas, eterna e imutável. É dessa perspectiva, muito particular e interessada, que a sociedade de mercado aparece como o fim da história. Há uma classe – minoritária, porém poderosa – que tem interesse em nos fazer acreditar que se o grande capital não seguir reinando, *business-as-usual*, o que nos restará é o apocalipse, ou o inferno na Terra. E é para essa classe que um futuro sem capitalismo só pode ser sombrio e assustador, senão simplesmente inconcebível.

Como, em situações políticas normais, as ideias dominantes tendem a ser mesmo as ideias da classe dominante, as ideias dominantes sobre o socialismo naturalmente tendem a ser aquelas menos lisonjeiras ao socialismo. Cabe, portanto, aos socialistas travar a batalha das ideias, para que o socialismo não seja definido na arena pública por seus inimigos. E se esse é o objetivo, devemos ser capazes de nos comunicar da forma mais precisa e direta possível, desfazendo mitos, dissolvendo confusões, perfurando a grossa camada de propaganda que se assentou sobre o senso comum.

Para ir direto ao ponto: o socialismo é o projeto político da classe trabalhadora. Sua eficácia se assenta no poder coletivo que a classe trabalhadora é capaz de exercer quando organizada. Seu horizonte são as necessidades e desejos da classe trabalhadora. O socialismo será o que a classe trabalhadora quiser que seja; sua premissa é que as pessoas comuns, essa vasta maioria que tem que ganhar a vida trabalhando, podem construir coletivamente uma alternativa de sociedade, para desfrutar de uma vida mais humana. Se a classe trabalhadora é capaz de ter um projeto político autônomo, então ela deve desenvolver uma visão própria de como as instituições sociais deveriam ser e exercer a crítica prática ao transformá-las conscientemente.

O socialismo – nisso Marx acertou em cheio – não deve ser visto como uma espécie de "estado ideal", um formato pré-estabelecido no qual tentamos forçar a realidade, mas sim "o movimento real que supera o estado atual de coisas". O *Manifesto* é ainda mais explícito, quando enfatiza que esse movimento precisa ser "o movimento autônomo da imensa maioria em proveito da imensa maioria".

Esse projeto, voltado para o futuro, se orienta para a construção do "autogoverno dos produtores livremente associados", uma sociedade na qual não haja nem opressores nem oprimidos, nem exploradores nem explorados, e cada indivíduo possa ter acesso às condições materiais para seu livre auto-desenvolvimento pleno. A organização racional do processo produtivo e a regulação consciente do metabolismo entre a sociedade e o resto da natureza são as únicas maneiras de garantir uma vida de abundância e liberdade não apenas para poucos, mas para todo mundo.

Como fatalmente a pequena minoria que hoje se beneficia com as grotescas desigualdades produzidas pelo capitalismo tem todo interesse em usar dos vários privilégios que desfruta para manter e ampliar seu poder, aqueles que querem que a classe trabalhadora se converta em classe dominante precisam levar a sério os problemas da estratégia, ou seja: o problema de como construir poder social desde baixo. O coração da estratégia socialista é, portanto, o que fazer para diminuir o poder dos proprietários e aumentar o poder dos proletários.

Se vamos falar a sério sobre "democracia", em qualquer sentido substantivo, sua realização passa pela conquista do poder político pela classe majoritária. A classe trabalhadora, além de ser ampla maioria nas sociedades burguesas modernas, é a classe que está melhor posicionada estrategicamente no processo produtivo para subvertê-lo. Por sua posição econômica, a classe trabalhadora pode infligir dano aos barões do capital exatamente onde mais dói: no bolso. Se ela para, tudo para. Aí está a fonte do seu poder coletivo de barganha. Para que o capital conseguisse dominar o campo e construir as grandes cidades, promover o avanço colossal da indústria e do comércio mundial, e para que a engrenagem da acumulação continue a girar a cada dia, é necessário que milhões de homens e mulheres acordem todos as manhãs e saiam para trabalhar. Sem os trabalhadores nada do que conhecemos existiria. A classe que põe o mundo para andar é também a que pode mais radicalmente transformá-lo – é a classe que carrega o futuro nas mãos.

Socialismo ou barbárie

O grave problema é que o capitalismo não vai sobreviver por muito tempo sem nos empurrar para a barbárie. Como nos alertou Rosa Luxemburgo, o socialismo não é o destino inevitável da humanidade, mas é o único destino que não leva ao abismo. Na mesma proporção que desenvolve as forças produtivas, o capitalismo também amplia as forças destrutivas e a capacidade irracional de autodestruição da humanidade. Para cada salto tecnológico, se dá um aumento na concentração de riquezas do 1% e na exploração dos outros 99% dos seres humanos. O enriquecimento insano dos novos oligarcas globais, como Mark Zuckerberg ou Jeff Bezos, são a prova viva disso. Para cada novo trabalhador que se cadastra nas fileiras de exploração da Amazon ou de qualquer aplicativo de entrega, os oligarcas do capitalismo de plataforma, escondidos detrás da exploração algorítmica, aumentam suas mansões e incrementam a frota de jatinhos.

A acumulação desenfreada, às custas de uma taxa de exploração crescente, não pode ser infinita. Não é à toa que o capitalismo, em seus poucos séculos de existência, nos levou a tantas crises econômicas devastadoras e guerras imperialistas tão sangrentas quanto sem sentido. Em nossa época, a contradição entre o impulso capitalista à acumulação sempre ampliada e os limites naturais do planeta nos empurra inexoravelmente a uma tragédia anunciada: a emergência climática e a catástrofe ecológica. A produção regulada pelo lucro, e não pelas necessidades humanas, nos deixa de presente uma calamidade que se abaterá por toda a humanidade. Mas não se enganem: seus efeitos estão longe de serem bem distribuídos – aqueles que lucraram produzindo o problema são os que concentram mais recursos para se proteger das consequências.

Por outro lado, a desigualdade de riqueza se converte facilmente em desigualdade de poder, incluindo o acesso desigual ao sistema político. Essa dinâmica viciosa torna-se especialmente explícita nas últimas quatro décadas do período neoliberal: na medida que os ricos se tornam mais ricos, cresce o poder dos bilionários, e os governos são cada vez mais sequestrados pelos interesses privados. A classe proprietária faz a festa: expropria e privatiza o que for possível, reduz os direitos sociais e os serviços públicos, utiliza do Estado, inclusive coercitivamente, para atacar a capacidade de organização coletiva dos trabalhadores. É como se o neoliberalismo se esforçasse para tornar verdade a invectiva ácida de Marx de que, em condições capitalistas, os governos não passam de comitês de gestão dos negócios comuns da burguesia. Esse assalto à luz do dia, como não poderia deixar de ser, desmoraliza a democracia liberal, e abre espaço para a extrema direita.

O neoliberalismo, na medida em que cria uma sociedade de indivíduos atomizados e esvazia a democracia com a submissão crescente do poder político ao poder econômico, torna o terreno social fértil para a ascensão de movimentos conservadores autoritários.

É esse o mundo em que você quer viver? Um planeta em chamas, com eventos climáticos extremos cada vez mais frequentes, ilhas de luxo privadas em meio a oceanos de pobreza, magnatas carregando a política no bolso enquanto o fascismo ganha força explorando a ansiedade, o desespero e o niilismo gerados pelo próprio capitalismo? Será que não somos capazes de fazer algo melhor juntos?

Tudo para todo mundo

O socialismo não é coisa de outro mundo – é desse aqui mesmo. Não há nada de extremo ou fanático na ideia de uma sociedade sem classes. Se você parar para pensar, é puro bom senso. Por que uns deveriam passar fome, ou enfrentar a constante angústia de não saber se as contas vão fechar no fim do mês, enquanto outros vivem em mansões e passeiam em iates? Por que atividades predatórias que degradam a natureza e a saúde humana deveriam ser permitidas apenas para engordar o bolso de uns poucos? Por que a posse de dinheiro deveria permitir um ser humano mandar tiranicamente em outro? Por que as decisões que impactam a vida de milhões de pessoas deveriam ser monopolizadas por um punhado de proprietários? Não é um absurdo que tantos sejam atirados na miséria e na humilhação por não encontrarem vagas de emprego no mercado de trabalho, enquanto outros se matam de trabalhar em jornadas extenuantes e brutalizadoras? Como justificar racionalmente os excessos perdulários dos podres de rico acontecendo lado a lado de tantas necessidades humanas básicas não atendidas?

Analisado friamente, como uma formação social contingente e historicamente situada, não como uma lei da natureza ou um fato bruto da realidade, o capitalismo aparece como realmente é: um sistema arbitrário, caprichoso, repleto de irracionalidades e desperdícios, e responsável por uma quantidade violenta de sofrimento humano desnecessário. Não seria muito mais razoável substituir a mão invisível e os deuses malucos do mercado, sempre sedentos de mais sangue, por uma alternativa humana, democrática e consciente? Por que não trocar o impulso cego de acumulação pelo planejamento democrático que garanta uma vida boa para todo mundo? Trabalhar menos, trabalhar todos, produzir para a satisfação das necessidades e compartilhar os produtos do trabalho coletivo – não parece uma orientação bem mais sensata e saudável?

E se enganam também os que dizem que no socialismo as tecnologias permanecem atrasadas e não podem avançar.

Imagine toda a energia humana despendida hoje em trabalhos de merda, na administração da opressão social, em serviços luxuosos para os bilionários, no controle dos pobres; agora imagine empregá-la num projeto comum, em benefício da maioria. Pense em todos os talentos e capacidades perdidos pela pobreza e falta de oportunidade; e então imagine toda essa força humana dedicada ao trabalho produtivo, projetando novas ferramentas e tecnologias que sejam de fato úteis e acessíveis para o conjunto da humanidade.

Socialismo não significa igualdade frugal, ou um pauperismo democratizado. É um modo superior de sociedade, que parte dos avanços técnicos desenvolvidos no interior do capitalismo, mas os coloca a serviço de todos. Ser socialista não é adotar um voto de pobreza, mas se dedicar à universalização da abundância.

Os trabalhadores não gostam de viver na carência e na miséria. E estão certos: todo mundo merece do bom e do melhor. Ao contrário do que querem nos fazer acreditar, nada é bom demais para a classe trabalhadora. A coordenação racional do processo produtivo, o planejamento inteligente do investimento, o acesso universal à educação e à formação científica, a aplicação em larga escala de recursos para pesquisa tendo em vista desenvolver o intelecto geral da espécie, produzirá uma expansão qualitativamente nova das capacidades criativas humanas. E, enfim, a sociedade livre poderá escrever em sua bandeira: luxo comunal para todos, tudo para todo mundo.

Se hoje os trabalhadores precisam conviver com o medo constante de se tornarem obsoletos, e substituídos por máquinas ou algoritmos, a ação coletiva democrática pode fazer das fontes desses temores um potencial de libertação. Se as máquinas podem produzir mais, por que não trabalharmos menos? Por que não pensar na abolição do trabalho como uma labuta sofrida e alienante? Se contarmos com um movimento de massas democratizante e uma estratégia socialista, o desenvolvimento tecnológico pode nos auxiliar a dar finalmente o salto do reino da necessidade para o reino da liberdade. Em vez de sofrermos de pesadelos com o desemprego tecnológico, podemos sonhar com o comunismo de luxo totalmente automatizado.

Socialismo é, portanto, e ao mesmo tempo, a ideia de que é preciso resolver nossos problemas imediatamente – pois os socialistas querem acabar com a fome hoje, aumentar nossos salários pra já, garantir nossos direitos agora – junto com a construção de um horizonte de transcendência do atual estado de coisas. É conquistar, por meio das lutas práticas cotidianas, reformas democráticas que melhorem as condições do povo trabalhador, mas também apontar para as possibilidades de um futuro transformado, sem capitalismo. O objetivo final é a definitiva abolição da sociedade de classes.

Socialismo no nosso tempo

Ser socialista não é algo que se possa fazer sozinho. O motivo é simples: não se trata de uma preferência estética, de um estilo de vida, ou das ideias que qualquer um pode ter individualmente em sua cabeça. Ser socialista é participar da construção de possibilidades de ação em comum, é estar engajado na composição de uma agência coletiva. Se o socialismo é o projeto político da classe trabalhadora, os socialistas são aqueles que estão ativamente envolvidos na construção de poder por parte dos oprimidos e explorados.

Uma vez que o capitalismo é uma realidade social em constante mutação, que precisa estar o tempo todo se revolucionando para continuar existindo, a formulação socialista precisa necessariamente acompanhar essas mudanças. Como o terreno de luta está em constante transformação, nosso esforço de mapeamento precisa, do mesmo modo, ser constantemente atualizado. Um bom mapeamento pode gerar boas estratégias; mapas obsoletos conduzem a intervenções desastradas. Portanto, quando reivindicamos os clássicos da nossa tradição, como Karl Marx e Rosa Luxemburgo, não é, evidentemente, para dizer que já tinham todas as respostas – eles sequer tinham todas as perguntas. Mas para reconhecer que estamos sentados em ombros de gigantes: herdeiros de mais de um século e meio de uma trama contínua de esforços cooperativos de compreensão da realidade de uma perspectiva proletária militante, que interpreta o mundo a partir da luta, para transformá-lo. A melhor maneira de homenagear os que vieram antes de nós, e aos quais tanto devemos, é pensar de forma crítica e afiada: um bom diagnóstico aumenta as chances de vitória dos movimentos emancipatórios.

É por isso que os socialistas estão interessados em saber como o capitalismo da nossa época se organiza. Quais são as principais tendências da acumulação? Qual é a natureza técnica do trabalho? Como as diferentes formas de trabalho – com as suas especificidades em termos de logística, composição orgânica do capital, aplicação de ciência e da técnica – se dividem geograficamente e socialmente? E como tudo isso se conecta para conformar uma totalidade dinâmica, heterogênea, multifacetada, contraditória, mas ainda assim coerente em um nível global?

E talvez a questão mais importante do ponto de vista político: qual a composição da classe trabalhadora? Que tipos de trabalhos ela exerce? Como essa variedade de posições no processo produtivo geram experiências de classe distintas? Como fatores como raça, gênero e nacionalidade participam da formação da subjetividade dos trabalhadores? Onde e em que condições vivem esses trabalhadores, e que tipo de comunidades se formam nesses territórios? Quais são as necessidades e desejos mais prementes, e como estão distribuídos no corpo social? Quais são as táticas de resistências espontaneamente empregadas e as formas de lutas já em curso? Onde estão os pontos de antagonismo mais nevrálgicos, e como circular as lutas estabelecendo relações concretas de solidariedade? Que tipo de programa de transformação sistêmica pode emergir a partir dessa diversidade de lutas, e que formas organizacionais são mais eficazes para realizá-lo com base na experiência e nos desejos da classe trabalhadora? Como contribuir para articular as várias experiências de resistência e insubordinação em um movimento de massas vigoroso e politicamente ambicioso, com um grau elevado de coordenação e pretensões hegemônicas de poder?

A classe trabalhadora é diversa, seja na sua forma de nexo com o capital, na sua inserção específica no mundo do trabalho ou seja na sua posicionalidade corporal e nas experiências concretas que daí decorrem. Os socialistas não precisam convencer o povo a se rebelar: a luta e a resistência já são um fato, uma resposta espontânea frente a injustiça. O que os socialistas precisam fazer é afirmar que o povo tem razão em se revoltar, e a partir daí ajudar, de todas as formas possíveis, a converter a insatisfação privatizada em digna raiva coletiva. A tarefa política militante é colaborar para a construção da "infraestrutura do dissenso", que aumente as chances de vitória da revolta. Os socialistas são catalisadores da articulação política, trabalhando para que as lutas se comuniquem e se reforcem mutuamente, diminuindo os custos individuais da ação coletiva.

As décadas de 80 e 90 foram um momento de derrota histórica da classe trabalhadora, marcado justamente pela fragilização da infraestrutura do dissenso construída previamente pelo movimento operário. A reestruturação produtiva do capital e a contra-ofensiva ideológica neoliberal contribuíram para a desorganização do mundo do trabalho, a fragmentação social, o crescimento da subjetividade individualista e a crise do sindicalismo. Isso foi como tirar o chão sobre o qual estava assentada a promessa socialista: o operário-massa era a figura privilegiada do sujeito político da esquerda, cuja vanguarda estava em boa medida conectada ao trabalho organizado no mundo industrial. A queda do socialismo real no leste europeu só serviu para aprofundar a confusão entre os militantes: a história não parecia mais caminhar para o socialismo. Com o triunfo da globalização neoliberal sob a *Pax Americana* imperial, o clima predominante na esquerda socialista foi de desorientação. O liberalismo prometia um "Reich de mil anos", e proclamava o "fim da História". Uma esquerda desmoralizada se dividia entre os que queriam se acomodar aos novos tempos, na prática capitulando ao neoliberalismo, e os que se aferravam às fórmulas e formas do passado, mais nostálgicos do que orientados ao futuro.

Mas o "fim da História" também chegou ao fim. O neoliberalismo está hoje mais arraigado em nossas vidas cotidianas, mas também muito mais desmoralizado como projeto político. O liberalismo entra em crise, e se abre uma época de intensos enfrentamentos de rua, em especial na juventude e nos setores mais precarizados da classe trabalhadora, que sentem na pele os efeitos das medidas de austeridade. Mas os protestos espontâneos contra a insuportável situação atual, que vez por outra explodem em poderosas conflagrações de massas, estão carregados de ambiguidade. Não estão predestinados a tomar uma direção emancipatória. Não são blocos monolíticos, puros, mas campos de luta. Há que se disputar nesse terreno de batalhas acidentado. O trabalho de agitação e propaganda recobra uma atualidade visceral.

A responsabilidade dos socialistas é, no meio da confusão generalizada, oferecer uma direção. Agir com propósito: encontrar as demandas que possam aglutinar apoio popular, identificar as bandeiras de agitação com apelo majoritário, oferecer soluções à crise. "Reforma ou revolução" de Rosa Luxemburgo não quer dizer que precisamos escolher entre um ou outro: a resposta de Rosa é reforma e revolução. Conquistas democráticas aumentam a autoconfiança da classe. O embate por reformas é a melhor escola política para as massas em movimento. Mas sem um horizonte estratégico as conquistas são frágeis, sempre a um passo de serem perdidas.

As classes proprietárias procuram resolver suas crises empurrando os custos para o lado mais fraco: os setores subalternos, os trabalhadores e oprimidos. Lula tem razão ao afirmar em entrevista recente que: "Toda vez que há um avanço na sociedade, um governo que está pensando no povo, vem a desgraça de um golpe – e com o apoio da elite brasileira, daqueles que querem tirar direito do povo trabalhador". Mas essa não é uma falha moral. É que está nos interesses materiais da elite proprietária dar um golpe sempre que lhe pareça necessário. O que precisamos garantir é que esse mecanismo não esteja em seu poder. Parafraseando Kwame Ture, se a elite quer dar um golpe é problema deles, mas se tem poder real para dar um golpe, daí já é problema nosso.

Derrotar as condições que gerararam o bolsonarismo

Bolsonaro não é um raio em céu azul. É a expressão de um projeto de classe, e responde a interesses poderosos, que se aproveitaram de uma crise econômica do capitalismo e da crise de representatividade do sistema político, dela decorrente, para abrir guerra aos pobres. Bolsonarismo é guerra de classes, pura e dura. Sua encomenda é fazer exatamente o que tem feito: passar a boiada para o capital, aumentar a taxa de exploração, forçar para baixo a participação dos salários, destruir o Estado social e proteger a ferro e fogo a propriedade privada. O autoritarismo, a boçalidade, a violência de Bolsonaro não são características casuais, e sim traços próprios da nossa classe dominante, que está convencida que a única forma de lidar com o populacho é na base da porrada. Dada a catástrofe na qual a extrema direita enfiou o Brasil, a tarefa só pode ser dupla. Primeiro, derrotar o bolsonarismo, inclusive, mas não apenas, eleitoralmente. Essa missão é emergencial, e os socialistas estarão na linha de frente. Mas a segunda parte é ainda mais difícil: derrotar as condições que deram origem ao bolsonarismo. Para isso, não vai bastar frente ampla – é necessário estratégia socialista. É só construindo poder real que vamos garantir que monstruosidades como a ditadura militar e o Bolsonaro nunca mais voltem a vitimar nossa gente. Um movimento autônomo e confiante da classe trabalhadora, articulando todas as lutas contra injustiças e opressões, é a única garantia de progresso social.

Se você, caro leitor, está inconformado com o governo Bolsonaro, insatisfeito com as condições de trabalho, com o salário dando cada vez para menos, cansado da vida ardida de muito trabalho e poucos direitos, desesperado de assistir a fome crescer enquanto o andar de cima enriquece ainda mais, então você abriu o livro certo. Se você, como nós, sonha com uma vida mais tranquila, com a chance de ter mais horas do seu dia dedicados a estar com aqueles que ama, descansando, lendo, ouvindo música, produzindo arte ou esportes, viajando e explorando novos lugares, fazendo novos amigos ao invés das intermináveis horas perdidas trabalhando para um patrão para pagar os boletos, então vamos fazer um convite: deixe de lado a desinformação e venha conhecer pra valer o socialismo. Você vai amar!

A ideia desse livro é simples: desfazer mitos, desmentir a propaganda dos patrões e apresentar de forma curta e acessível uma ideia que vem alimentando a esperança de milhões de trabalhadores há gerações. Mais do que isso, é um convite à ação. A hora urge. O momento é de pensar grande, sonhar alto e arrancar poesia do futuro.

Pelo menos o capitalismo é livre e democrático, né?

por Erik Olin Wright[1]

Pode parecer que é assim, mas liberdade e democracia genuínas não são compatíveis com o capitalismo.

Nos Estados Unidos, muitos tomam como certo que liberdade e democracia estariam inseparavelmente conectadas com o capitalismo. Milton Friedman, em seu livro *Capitalismo e Liberdade*, chegou a defender que o capitalismo era uma condição necessária para ambos.

É certamente verdade que a aparição e a propagação do capitalismo trouxe consigo uma tremenda expansão das liberdades individuais e, eventualmente, de lutas populares por formas mais democráticas de organização política. Sendo assim, a afirmação de que o capitalismo obstrui fundamentalmente tanto a liberdade quanto a democracia vai soar estranha para muitos.

Dizer que o capitalismo restringe o florescimento desses valores não é argumentar que o capitalismo vai sempre contra a liberdade e a democracia em todas as circunstâncias. Significa que

[1] Sobre a vida e obra de Erik Olin Wright, e sua contribuição para o pensamento socialista, ver o artigo do sociólogo brasileiro Ruy Braga, "Da ciência à utopia": jacobin.com.br/2021/03/da-ciencia-a-utopia/

através do funcionamento de seus processos mais básicos, o capitalismo gera uma deficiência severa de liberdade e democracia que nunca é capaz de remediar. O capitalismo promoveu o aparecimento de certas formas limitadas de liberdade e democracia, mas impôs um teto baixo constrangendo a concretização delas.

No centro destes valores está a autodeterminação: a crença de que as pessoas deveriam ser capazes de decidir as condições de suas próprias vidas o máximo possível. Quando uma ação de uma pessoa afeta apenas aquela pessoa, então ela deveria ser capaz de se envolver nessa atividade sem pedir permissão de ninguém mais. Este é o contexto da liberdade. No entanto, quando uma ação afeta as vidas de outros, então estas outras pessoas devem ter voz nessa atividade também. Este é o contexto da democracia. Em ambos os contextos, a preocupação suprema é que as pessoas mantenham tanto controle quanto for possível sobre as formas que suas vidas vão tomar.

Na prática, virtualmente cada escolha que uma pessoa faz vai ter algum efeito sobre outras pessoas. É impossível todo mundo contribuir com cada decisão que diz respeito a eles, e qualquer sistema social que insistisse numa participação democrática tão abrangente iria impor um fardo insuportável sobre as pessoas. O que nós precisamos, portanto, é de um conjunto de regras para distinguir entre as questões relativas à liberdade e aquelas relativas à democracia. Em nossa sociedade, tal distinção é normalmente feita com referência aos limites entre as esferas privada e pública.

Não há nada de natural ou espontâneo sobre essa linha entre o privado e o público; ela é forjada e mantida por meio de processos sociais. As incumbências determinadas por esses processos são complexas e muitas vezes contraditórias. O Estado reforça vigorosamente alguns limites entre o público e o privado, e deixa outros para serem sustentados, ou dissolvidos, enquanto normas sociais. Muitas vezes o limite entre público e privado permanece vago. Em uma sociedade completamente democrática, o limite em si seria objeto de deliberação democrática.

O capitalismo constrói a fronteira entre as esferas pública e privada de uma forma que restringe a realização da verdadeira liberdade individual e reduz o escopo de uma democracia significativa. Há cinco formas em que isso fica claro de imediato.

1. "Trabalhe ou morra de fome" não é liberdade

O capitalismo se baseia na acumulação privada de riqueza e na busca de renda através do mercado. As desigualdades econômicas que resultam dessas atividades "privadas" são intrínsecas ao capitalismo e criam desigualdades naquilo que o filósofo Philippe van Parijs chama de "liberdade real."

Independente do que mais a gente queira dizer com "liberdade", ela precisa incluir a capacidade de dizer "não". Uma pessoa rica pode decidir livremente por não trabalhar em troca de um salário; uma pessoa pobre sem meios de subsistência independentes não pode fazer o mesmo tão facilmente. Mas o valor da liberdade vai além disso. É também a capacidade de agir positivamente nos planos de sua própria vida – escolher não só a resposta, mas também a pergunta. Os filhos de pais ricos podem entrar em estágios não-remunerados, apenas para progredir com suas carreiras; os filhos de pais pobres não podem. O capitalismo priva muita gente de liberdade real nesse sentido. A miséria em meio à abundância existe por causa de uma equação direta entre recursos materiais e os recursos necessários para a autodeterminação.

2. Os capitalistas é que decidem

A maneira com que a fronteira entre as esferas pública e privada é desenhada no capitalismo exclui do controle democrático decisões cruciais, que afetam quantidades enormes de pessoas. Talvez o direito mais fundamental que acompanha a propriedade privada de Capital seja o direito a decidir investir e desinvestir estritamente baseado no autointeresse.

A decisão de uma corporação de mover sua produção de um local para outro é um assunto privado, apesar de ter um impacto radical nas vidas de todo mundo em ambos os lugares. Ainda que alguém possa argumentar que essa concentração de poder em mãos privadas é necessária para a alocação eficiente de recursos, o fato é que excluir do controle democrático esse tipo de decisão com certeza destrói a capacidade de autodeterminação para todos, exceto para os donos do capital.[2]

3. A tirania das oito às cinco

As empresas capitalistas têm permissão para serem organizadas como ditaduras no ambiente de trabalho. Um componente es-

---

[2] Ver o artigo de Shawn Gude, "O socialismo democrático é para radicalizar a democracia": jacobin.com.br/2020/09/o-socialismo--democratico-e-para-radicalizar-a-democracia/

sencial do poder de um proprietário de um negócio é o direito de dizer aos empregados o que fazer. Essa é a base do contrato de trabalho: quem procura um emprego concorda em seguir as ordens do empregador em troca de um salário. É claro, um empregador também é livre para garantir aos trabalhadores uma autonomia considerável, e em algumas situações esta é a forma de organizar o trabalho que maximiza os lucros. Porém, tal autonomia é dada ou negada ao bel prazer do proprietário. Nenhum conceito robusto de autodeterminação permitiria que a autonomia dependesse das preferências de membros de uma elite.

Um defensor do capitalismo poderia responder que se um trabalhador não gosta de se submeter ao poder do patrão ele tem a opção de se demitir. Contudo, uma vez que, por definição, falta aos trabalhadores meios para se manter independentemente (o trabalhador é trabalhador porque não tem meios de produção), se eles se demitirem terão que procurar por um novo emprego e, na medida que os empregos disponíveis estão em firmas capitalistas, eles ainda terão de se sujeitar às ordens de um chefe.[3]

4. Os governos têm de servir aos interesses dos capitalistas privados

O controle privado sobre as principais decisões de investimento cria uma pressão constante sobre as autoridades públicas

---

[3] Ver o artigo de Peter Frase, "O ponto de ruptura da social-democracia": jacobin.com.br/2019/10/o-ponto-de-ruptura-da-social-democracia/

para que promulguem ordenamentos e normativas favoráveis aos interesses dos capitalistas. A ameaça do desinvestimento e da mobilidade do capital está sempre no pano de fundo de discussões de políticas públicas, e assim os políticos, não importa a orientação ideológica, são forçados a se preocupar em sustentar um "bom clima para os negócios."[4]

Valores democráticos são vazios enquanto uma classe de cidadãos possuem prioridade sobre todos os demais.

5. As elites controlam o sistema político

Finalmente, as pessoas ricas têm um maior acesso do que os outros ao poder político. Esse é o caso em todas as democracias capitalistas, mesmo que a desigualdade de poder político baseada na riqueza seja muito maior em alguns países do que em outros.

Os mecanismos específicos para esse acesso mais fácil são muito variados: contribuições para campanhas políticas; financiamento de esforços de *lobby*; vários tipos de contatos sociais na elite; subornos e outras formas de corrupção.

Nos Estados Unidos não são apenas indivíduos ricos, mas também corporações capitalistas, que não encontram nenhuma restrição significativa em sua capacidade de usar recursos

---

[4] Ver o artigo de Dylan Riley, "Os capitalistas nunca foram amigos da democracia": jacobin.com.br/2021/04/os-capitalistas-nunca-foram-amigos-da-democracia/

privados para propósitos políticos. Este acesso diferencial ao poder político esvazia o princípio mais básico da democracia.[5]

Essas consequências são intrínsecas ao capitalismo como sistema econômico. Isso não significa que elas não possam às vezes serem mitigadas em sociedades capitalistas. Em diferentes tempos e lugares, muitas políticas foram construídas para compensar pela deformação da liberdade e da democracia no capitalismo.

Restrições públicas podem ser impostas sobre o investimento privado de forma a enfraquecer o rígido limite entre público e privado; um forte setor público e formas ativas de investimento estatal podem diminuir a ameaça da mobilidade de Capital; restrições no uso de riqueza privada em eleições e o financiamento público de campanhas políticas podem reduzir o acesso privilegiado dos ricos ao poder político; leis trabalhistas podem fortalecer o poder político coletivo dos trabalhadores tanto na arena política quanto no espaço de trabalho; e uma ampla variedade de políticas de Bem-Estar Social podem aumentar a liberdade verdadeira daqueles sem acesso a riqueza privada.[6]

---

[5] Todas essas reformas que promovem a liberdade e a democracia foram conquistadas pela ação coletiva, e combativa, da classe trabalhadora. Sobre a relação entre democracia e luta de classes, ver o artigo de Adaner Usmani, "Para salvar a democracia precisamos da luta de classes": jacobin.com.br/2019/07/para-salvar-a-democracia-precisamos-da-luta-de-classes/

[6] Sobre as conquistas e limites da social-democracia, ver o artigo de Bhaskar Sunkara e Joseph Schwartz, "A social-democracia é boa, mas não é o suficiente": jacobin.com.br/2019/11/a-social-democracia-e-boa-mas-nao-e-o-suficiente/

Quando as condições políticas são favoráveis, os aspectos antidemocráticos do capitalismo, e suas restrições à liberdade dos trabalhadores, podem ser aliviados, mas nunca eliminados. Domar o capitalismo desta forma tem sido o objetivo central das políticas defendidas por socialistas no interior de economias capitalistas mundo afora. Mas, se a liberdade e a democracia devem ser realizadas por completo, o capitalismo não deve ser meramente domado – precisa ser superado.

O socialismo soa bem na teoria, mas a natureza humana não o torna impossível de ser realizado na prática?

por Adaner Usmani & Bhaskar Sunkara

Nossa natureza humana compartilhada na verdade nos ajuda a construir e definir os valores de uma sociedade mais justa.

"Bom na teoria, ruim na prática." Quem declara interesse no socialismo e na ideia de uma sociedade sem exploração e hierarquia recebe frequentemente essa resposta desdenhosa. Legal, o conceito soa bem, mas as pessoas não são muito legais, certo? O capitalismo não seria mais condizente com a natureza humana – competitiva e venal?

Os socialistas não acreditam nesses clichês. Não enxergam na história uma mera crônica de crueldade e egoísmo; veem também incontáveis atos de empatia, reciprocidade, e amor. As pessoas são complexas: elas fazem coisas terríveis, mas também se envolvem em atos notáveis de bondade e, mesmo em situações difíceis, demonstram profunda consideração pelos outros.

Isso não significa que somos infinitamente plásticos – que não exista nada como uma "natureza humana." Progressistas às vezes fazem essa afirmação, em especial quando discutem com aqueles que enxergam as pessoas como máquinas de "maximização de utilidade".[7] Apesar da boa intenção, esse tipo de resposta vai longe demais.

Por pelo menos duas razões, os socialistas estão comprometidos com a visão de que todos os seres humanos compartilham alguns importantes interesses em comum. A primeira é moral. As acusações dos socialistas sobre como as sociedades de hoje falham em prover necessidades básicas como comida e abrigo em um mundo de abundância, ou bloqueiam o desenvolvimento das pessoas, presas em empregos sofríveis, fatigantes e mal pagos, estão baseadas em uma crença central (declarada ou não) sobre os impulsos e interesses que animam as pessoas em todos os lugares.

Nossa indignação quando é negado aos indivíduos o direito de ter vidas livres e plenas está ancorada na ideia de que as pessoas são inerentemente criativas e curiosas, e que o capitalismo muito frequentemente asfixia estas qualidades. Para simplificar, nós lutamos por um mundo mais livre e gratificante porque todas as pessoas, em todos os lugares, se preocupam com sua liberdade e satisfação.

Esta, porém, não é a única razão pela qual socialistas se interessam pelas motivações universais da humanidade. Ter um conceito de "natureza humana" também nos ajuda a encontrar sentido no mundo que nos rodeia; e, ao nos ajudar

---

[7] A ideia de "Maximização de Utilidade" é parte das teorias econômicas da linha "Neoclássica" segundo as quais o ser humano seria um agente capaz de procurar racionalmente, em todas as situações, o que é melhor para si, aumentando o seu prazer e/ou diminuindo o seu sofrimento.

a interpretar o mundo, nos auxilia em nossos esforços para mudá-lo também.

Em um trecho famoso, Marx diz que "a história de todas as sociedades até aqui tem sido a história da luta de classes."[8] Resistência à exploração e à opressão é uma constante através da história – é tão parte da natureza humana quanto competitividade, ou ganância. O mundo que nos cerca está cheio de exemplos de pessoas defendendo suas vidas e dignidade. E, embora as estruturas sociais possam moldar e condicionar a ação individual, não é possível existir uma estrutura que passe por cima dos direitos e liberdades das pessoas sem despertar resistência.

É claro, a história de "todas as sociedades até aqui" é também uma coleção de relatos de passividade e mesmo de resignação. A ação coletiva de massas contra a exploração e opressão é rara. Se os seres humanos por todos os cantos estão comprometidos com a defesa de seus interesses individuais, por que nós não resistimos mais?

Bem... a visão de que todas as pessoas têm incentivos para exigir liberdade e satisfação não implica dizer que elas sempre têm a capacidade para fazer isso. Mudar o mundo não é uma tarefa fácil. Sob condições normais, os riscos associados ao agir coletivamente frequentemente são esmagadores.

Por exemplo, trabalhadores que escolhem se associar a um sindicato ou entrar em greve para melhorar suas condições de trabalho podem sofrer, em consequência, perseguições por

---

8 O Manifesto do Partido Comunista – Karl Marx e Friedrich Engels: jacobin.com.br/2021/02/manifesto-comunista/

parte de seus chefes, ou mesmo perder o emprego. A ação coletiva[9] requer que muitos indivíduos diferentes decidam assumir esses riscos juntos, então não é nada surpreendente que seja incomum (e dure pouco).

Colocando de outra maneira, os socialistas não acreditam que a ausência de movimentos de massa seja um sinal de que as pessoas comuns não tenham o desejo inerente de revidar, muito menos de que elas não reconheçam quais são seus próprios interesses. Pelo contrário: protestos são incomuns porque as pessoas são racionais. Elas sabem muito bem que no atual momento político a mudança é uma esperança distante e arriscada, então desenvolvem outras estratégias para se virar e ganhar a vida.

Às vezes, no entanto, as pessoas se levantam, sim, e assumem riscos. Elas se organizam e constroem movimentos populares progressistas. A história está repleta de exemplos[10] de

---

[9] Sobre ação coletiva e a aparente resignação dos trabalhadores, ver o artigo de Sam Gindin, "Por que os trabalhadores não se revolta?": jacobin.com.br/2021/08/por-que-os-trabalhadores-nao-se-revoltam/

[10] Para exemplos concretos de ação coletiva na prática: O recente *estallido social* chileno, ver artigo de Talita Tanscheit, "Das ruas à constituinte: a reinvenção da ação coletiva no Chile": jacobin.com.br/2021/06/das-ruas-a-constituinte-a-reinvencao-da-acao-coletiva-no-chile/. A vitoriosa campanha dos movimentos populares de moradia contra os despejos durante a pandemia, ver artigo de Júlia Franzoni e Raquel Pires, "Despejo zero e a reconstrução democrática": jacobin.com.br/2021/10/despejo-zero-e-a-reconstrucao-democratica/. A história da coalizão arco-íris, contra o racismo e a brutalidade policial, liderada por Fred Hampton, dos

pessoas lutando contra a exploração, e uma de nossas principais tarefas como socialistas é dar apoio a esses movimentos, para ajudar a fazer da ação coletiva uma opção viável para um número ainda maior de pessoas.

Nesse esforço – e na luta para definir os valores de uma sociedade mais justa – nós seremos auxiliados, e não atrapalhados, pela nossa natureza compartilhada.

Panteras Negras, ver artigo de Michael McCanne "Os Panteras Negras, os Jovens Patriotas e a Coalizão Arco-íris": jacobin.com.br/2019/12/os-panteras-negras-os-jovens-patriotas-e-a-coalizao-arco-iris/. E a longa a combativa de rebeliões populares no Brasil, recuperada por Erahsto Felício no artigo "Paz entre nós, guerra aos senhores – uma tradição rebelde de alianças": jacobin.com.br/2020/07/paz-entre-nos-guerra-aos-senhores-uma-tradicao-rebelde-de-aliancas/

Os ricos não merecem ficar com a maior parte do seu dinheiro?

por Michael A. McCarthy

A riqueza é criada socialmente – a redistribuição apenas permite que mais pessoas aproveitem os frutos do seu trabalho.

Magnatas da tecnologia, atletas brilhantes, artistas e apresentadores adorados quase sempre surgem em discussões acaloradas sobre impostos. Você não gosta do seu iPad? E do Harry Potter? Economistas neoliberais defendem que figuras como Steve Jobs, J. K. Rowling ou LeBron James deveriam ganhar mais dinheiro que o resto de nós, afinal de contas, nós – os consumidores – somos quem compramos seus produtos. O pagamento mais alto criaria o incentivo necessário para o trabalho duro e a inovação dos quais mesmo os mais preguiçosos entre nós se beneficiam.[11]

Apesar de intuitiva, essa visão não se sustenta. Defensores de baixos impostos sobre os ricos deliberadamente escolhem exemplos das áreas de tecnologia e entretenimento, sugerindo

---

[11] Sobre as verdadeiras razões pelas quais os ricos são ricos, ver o artigo de Grace Blakeley, "Por que os super-ricos estão ficando cada dia mais ricos": jacobin.com.br/2020/07/por-que-os-super-ricos-estao-ficando-cada-dia-mais-ricos/

que os membros da elite seriam grandes inovadores, realmente talhados de alguma madeira diferente do resto de nós. Mas uma olhada de relance na lista dos maiores CEOs nos Estados Unidos nos conta uma história bem diferente: em 2014 o executivo mais bem pago foi David Zaslav, da Discovery Communications, que recebeu mais de 150 milhões de dólares. Sua grande contribuição para o empreendimento humano? Transmitir "Honey Boo Boo".

A maioria das pessoas entende isso, e acredita que os ricos deveriam pagar mais impostos. De acordo com uma pesquisa da Gallup de 2015, 62% acreditam que as pessoas de renda mais alta são "muito pouco" taxadas, enquanto apenas 25% acham que elas pagam a sua "justa parte". Além disso, 69% acreditam que as corporações não são taxadas o bastante, e só 16% acham que já está o suficiente assim. No entanto, a justificação socialista para os impostos se baseia em uma visão – não usualmente capturada em pesquisas de opinião – sobre como a riqueza capitalista é de fato criada. Para explorar essa visão, precisamos primeiro entender o que são os impostos e o que não-socialistas pensam sobre eles.

A política fiscal realiza duas funções em uma sociedade capitalista. Primeiro, ela determina qual parcela do total do "bolo econômico" será gerenciada pelo poder público, na forma de receita governamental, e quanto sobrará para o uso dos atores privados como indivíduos e corporações. Segundo, ela estipula como aquela parcela pública é dividida entre as necessidades e desejos concorrentes dos indivíduos, organizações e corporações. A primeira função diz respeito ao controle de recursos, a segunda é uma questão de alocação.

Mesmo quando um governo tem uma alta receita, não necessariamente a aplica para fins progressistas. Considere, para começar, as enormes somas que fluem para as corporações na forma de subsídios ou de Pesquisa e Desenvolvimento financiada pelo Estado, e fica fácil de enxergar como os governos podem redistribuir para cima, para baixo ou horizontalmente. Em uma economia capitalista, onde recursos produtivos permanecem como propriedade privada, os socialistas exigem que uma porção significativa do produto social seja controlada publicamente e redistribuída para baixo, de maneira democrática.

Entretanto, nos Estados Unidos hoje, a visão "libertária" de que "imposto é roubo" se infiltrou tão fundo nas concepções cotidianas sobre propriedade que mesmo aqueles que defendem impostos progressivos muitas vezes aceitam a premissa de que existiriam ganhos pré-impostos que as pessoas recebem e que deveriam possuir por completo. Mesmo o credo progressista de que todos precisam contribuir com sua "parte justa" está baseado na ideia implícita de que tanto os trabalhadores quanto o capital pagam impostos, de forma semelhante, devido a uma obrigação cívica de abrir mão de uma parte do que é deles para a melhoria da sociedade.

Pelos mesmos motivos, "libertários" defendem que se os ganhos pré-impostos são o produto direto do próprio esforço de uma pessoa (ou corporação), deveriam poder usá-lo como bem entenderem. Nessa visão, mesmo se o governo tivesse decidido democraticamente cobrar dos ricos uma taxa mais alta, a cobrança de impostos permaneceria como algo fundamentalmente injusto. Na formulação extrema do filósofo político

Robert Nozick, "a taxação de ganhos do trabalho é comparável a trabalho forçado."

Esse ponto de vista tem sido corretamente criticado pelos progressistas. Mas os socialistas não deveriam retroceder ao critério comum progressista para a taxação: de que a capacidade de pagar de uma pessoa, ou corporação, deveria determinar a quantidade que deveriam pagar. Essa justificativa familiar circula mesmo entre pessoas de esquerda, que ouvem nela um eco do *slogan* "de cada um segundo suas habilidades, a cada um segundo suas necessidades."

Essa perspectiva liberal-progressista sugere uma de duas coisas, ambas incorretas. Primeiro, que os impostos seriam um tipo de "mal necessário" para aqueles que estão sendo taxados: mesmo se os ganhos pré-impostos de uma pessoa ou corporação forem o resultado de seu próprio trabalho, seria mais prático para a sociedade taxar parte desses ganhos para propósitos públicos do que deixá-los sob controle privado. Ou, então, que taxar mais os ricos seria só uma questão de sermos justos, uma questão de equidade. Ambas visões nos deixam presos de volta no pâtano "libertário" – a política fiscal não estaria invadindo os direitos do indivíduo? Então a equidade deveria atravessar os direitos individuais? E, em última instância, o argumento socialista para alta taxação progressiva não violaria os direitos do indivíduo também? Por que os socialistas odeiam tanto a liberdade?

A visão socialista de redistribuição dentro de uma sociedade capitalista precisa rejeitar uma premissa importante presente em quase todos os debates sobre impostos: que a renda pré-impostos seria algo recebido unicamente pelo esforço individual e possuído de maneira privada antes do Estado intervir e tomar, artificialmente, parte dela. Uma vez que deixemos para trás essa fantasia "libertária", fica fácil perceber que as rendas individuais e corporativas são possibilitadas apenas através da ação estatal financiada pelos impostos.

A economia capitalista não é autorregulável. A primeira pré-condição para que as empresas possam lucrar são os direitos de propriedade garantidos pelo Estado, que dão a algumas pessoas a posse e o controle sobre recursos produtivos, enquanto exclui outras. A segunda é que os governos precisam gerenciar os mercados de trabalho para garantir que as necessidades das empresas em termos de habilidades e capacidades sejam supridas. Os Estados fazem isso estabelecendo políticas educacionais e de imigração. Todo Estado capitalista também tenta mitigar os riscos do mercado de trabalho, seja o risco de escassez de trabalhadores para as empresas ou de desemprego para os trabalhadores. Terceiro, a maioria dos capitalistas querem que os Estados façam cumprir leis antimonopólio, contratuais, criminais, de propriedade e de direito penal, pois isso torna as interações no mercado mais previsíveis e confiáveis. E finalmente, a economia capitalista precisa de uma infraestrutura funcionando. Mesmo a maioria dos assim chamados "libertários" aceitam que o controle estatal sobre o suprimento de dinheiro e taxas de juros são necessários para estimular ou desacelerar o crescimento quando a economia precisa.

Tudo isso é feito com impostos. Resumindo, a própria noção de renda ou lucros pré-impostos é um truque de contabilidade. A renda de uma pessoa ou os lucros de uma corporação são em parte o resultado do governo coletando impostos e criando ativamente as condições sob as quais eles foram capazes de ganhar dinheiro, em primeiro lugar. Nesta estrutura, "taxar os ricos" não é meramente um grito de rancor ou uma exigência por aquilo que é justo.

O argumento socialista para a taxação e redistribuição progressiva é construído a partir de três fatores básicos sobre como o capitalismo funciona. Primeiro, como acabamos de ver, a renda pessoal e os lucros corporativos não são simplesmente o resultado de trabalho individual e competição entre as empresas – são parte de um produto social mais abrangente. A renda total gerada em uma sociedade capitalista é o resultado de um esforço social coletivo, tornado possível por uma arquitetura social e legal específica, e canalizado por meio de instituições tanto privadas quanto públicas.

Segundo, a desigualdade de classes que resulta da geração desse produto social é relativa. Os capitalistas são capazes de acumular enormes quantias de riqueza apenas por que os trabalhadores não podem fazer o mesmo: tudo mais sendo igual, as empresas podem subir seus lucros na proporção inversa aos custos de trabalho que pagam.[12] A condição para essa relação é, novamente, política – e mantida através da receita dos impostos. As empresas confiam nos Estados para fazer cumprir os direitos de propriedade e os contratos que mantém a sua posse sobre os recursos produtivos da sociedade – seus "meios de produção" – nas mãos de bem poucos. Como resultado, no

[12] Sobre como os capitalistas exploram os trabalhadores, ver o artigo de Ben Burgis, "Marx estava certo: os trabalhadores são sempre explorados sob o capitalismo": jacobin.com.br/2022/07/marx-estava-certo-os-trabalhadores-sao-sempre-explorados-sob-o-capitalismo/

capitalismo, a maioria das pessoas trabalha para outras, não contratam outras pessoas para trabalhar para elas. Além disso, os capitalistas empregam os trabalhadores apenas quando acreditam que os esforços desses trabalhadores farão a empresa ganhar mais dinheiro do que receberão de volta na forma de salário – o contrário seria suicídio no mercado.[13]

É claro, trabalho duro, astúcia e sorte podem dar a alguns trabalhadores a possibilidade de se tornarem capitalistas. Mas a estrutura básica do capitalismo, em que um pequeno número de pessoas possui a maior parte dos ativos produtivos, garante que a vasta maioria das pessoas (na melhor das hipóteses) passará sua vida recebendo salários, não lucros. A taxação fornece um remédio parcial para a desigualdade estrutural e essencial da sociedade capitalista.[14]

Terceiro, a redistribuição através da taxação é uma forma de estender a liberdade individual – e não de reduzi-la, como afirmam os "libertários".[15] A liberdade, de acordo com o teórico Isaiah Berlin, tem uma composição dupla. Por um lado,

---

13 Para uma exposição introdutória e simples da teoria da exploração de Marx, ver o artigo de Hadas Thier, "Por que o capitalismo nunca será um bom negócio para os trabalhadores": jacobin.com.br/2020/10/por-que-o-capitalismo-nunca-sera-um-bom-negocio-para-os-trabalhadores/

14 Na Jacobin defendemos abertamente que bilionários não deveriam existir: deveriam ser taxados até a extinção. Ver o artigo de Luke Savage, "Os bilionários não são bem-vindos": jacobin.com.br/2022/04/os-bilionarios-nao-sao-bem-vindos/

15 Sobre a farsa da liberdade capitalista, e como o capitalismo longe de produzir liberdade na verdade gera despotismo no lugar de

existe a *liberdade negativa*, a ausência de coerção ou o "*livre de*" que é a marca da maioria das concepções comuns de liberdade nos Estados Unidos hoje. No que diz respeito à coerção, impostos financiam uma variedade de provisões públicas que oferecem aos cidadãos alguma medida de liberdade da tirania privada das empresas. Elas formam a base inteira do aparato estatal que, em uma sociedade capitalista, é a única força cujo poder excede o da classe capitalista como um todo.

Sem leis proibindo a escravidão, escritas por legislaturas e aplicadas em cortes jurídicas sustentadas pelos cofres públicos, as pessoas seriam compelidas pela ameaça de violência ou da fome a trabalhar em troca de dinheiro nenhum. Sem regulações, como aquelas que demandam pelo menos uma segurança mínima no ambiente de trabalho ou aquelas que obrigam a administração a se envolver em negociações coletivas, os trabalhadores perderiam o pouco de voz que possuem sobre como o seu trabalho é organizado.

No contexto da política fiscal, porém, a *liberdade positiva* também importa. *Liberdade positiva* é a "*capacidade de*" – a capacidade de fazer coisas, e a possibilidade de escolher objetivos e fazer o esforço para realizá-los. Tal liberdade requer recursos. Em sociedades capitalistas com baixos níveis de redistribuição, a *liberdade positiva* é um jogo de soma-zero: uns poucos desfrutam muitíssimo dessas capacidades às custas da maioria. Uma política fiscal que divide o produto social de uma ma-

---

trabalho e bilionários tirânicos, ver o artigo de Rob Larson, "A liberdade capitalista é uma farsa": jacobin.com.br/2020/09/a-liberdade-capitalista-e-uma-farsa/

neira que permite que algumas pessoas vivam em opulência enquanto outras mal conseguem pagar as contas ou sobreviver, não pode se gabar por promover *liberdade*. O sistema público de educação, por exemplo, que oferece aos cidadãos a oportunidade de desenvolver conhecimento e habilidades na busca de suas ambições coletivas e individuais, é um alicerce de *liberdade positiva* que só pode ser sustentado por taxação.

Em uma sociedade verdadeiramente socialista, a combinação de igualdade política e igualdade econômica ofereceria a todos um grau bem maior de liberdade – tanto de *liberdade negativa* quanto de *liberdade positiva* – do que é possível desfrutar sob o capitalismo. Até que tornemos esse mundo realidade, a redistribuição progressiva através de impostos é tanto uma maneira de compensar desigualdades estruturais, como a forma primária pela qual podemos expandir e estender a *liberdade* para tantas pessoas quanto for possível.

O problema é que estamos indo na direção errada. Durante as últimas décadas, os ganhos financeiros da crescente produtividade do trabalho tem fluído primariamente para o topo, enquanto as taxas de impostos sobre os altos escalões foram baixadas drasticamente, agora se aproximando de níveis anteriores aos do *New Deal*. Mesmo um aumento modesto na carga total de impostos sobre o 1% mais rico para uma taxa de 45%, muito menor do que seus níveis no pós-guerra, geraria 275 bilhões de dólares adicionais de receita. Isso é muito mais do que os 47 bilhões necessários para tornar gratuitas todas as Faculdades e Universidades Públicas do país. Com isso daríamos muitos passos em direção à geração da receita necessária para financiar um sistema de saúde universal, aumentar os benefícios de seguridade social, e reconstruir a infraestrutura em desintegração.

Quase todo mundo concordaria que merecemos, cada um de nós, viver em uma sociedade na qual sejamos remunerados de forma justa por nosso trabalho, na qual sejamos livres e tenhamos a possibilidade de desenvolver nosso potencial e criatividade. Por menos glamoroso que isso possa parecer, a taxação redistributiva é um passo nessa direção. Não, os ricos não "fizeram por merecer" sua riqueza – estão apenas desfrutando dela em nosso lugar.

Os socialistas vão levar os meus CDs do Calypso?

por Bhaskar Sunkara

Os socialistas querem um mundo sem propriedade privada, não sem propriedade pessoal. Você pode ficar com os seus discos.

"Imagine", o single icônico de John Lennon lançado em 1971, pede aos ouvintes que visualizem um mundo sem posses, sem ganância ou fome, em que os tesouros da Terra são compartilhados por toda a humanidade. Não é surpreendente que a canção tenha se tornado um hino para gerações de sonhadores, mas ela também captura algo sobre a visão socialista – o poderoso desejo de colocar um fim na miséria e na opressão, e ajudar cada pessoa a atingir o seu potencial mais completo. Mas o quadro pintado pela canção de Lennon pode ser um pouco preocupante para aqueles entre nós que não querem um mundo sem posses pessoais – um tipo de comuna global onde seríamos forçados a vestir braceletes de cânhamo e compartilhar os nossos CDs do Calypso.

Felizmente, os socialistas não estão interessados em coletivizar a sua coleção de música. Não por que a gente não ame Calypso: nós simplesmente não queremos um mundo sem propriedade pessoal – coisas feitas para nosso consumo individual. Ao invés disso, socialistas lutam por uma sociedade sem propriedade privada – coisas que dão aos seus proprietários poder sobre aqueles que não têm propriedades.

O poder criado pela propriedade privada está expresso mais claramente no mercado de trabalho, no qual os proprietários das empresas decidem quem merece um emprego e quem não merece, e são capazes de impor condições de trabalho que, se lhes fossem dadas alternativas justas, as pessoas comuns iriam recusar. E apesar dos trabalhadores fazerem a maior parte do trabalho de verdade em uma empresa, o proprietário tem a voz unilateral sobre como os lucros serão divididos e não compensa os trabalhadores por todo o valor que produzem. Os socialistas chamam esse fenômeno de exploração.

A exploração não é algo único ao capitalismo. Há exploração em qualquer sociedade de classes, e simplesmente significa que algumas pessoas são compelidas a trabalhar sob a direção (e para o benefício) de outras.

Comparado com sistemas de escravidão ou servidão, as dificuldades que muitos trabalhadores encaram hoje são menos imediatamente óbvias. Na maioria dos países eles têm proteções legais reais e podem cobrir necessidades básicas – um resultado de batalhas vencidas pelos movimentos de trabalhadores para limitar o escopo e a intensidade da exploração.[16]

---

[16] Como bem observou o crítico literário Antônio Candido, o que se chama de "face humana do capitalismo" é, na verdade, o que "o socialismo arrancou dele com suor, lágrimas e sangue". Ver a entrevista, "O socialismo é uma doutrina triunfante": jacobin.com.br/2021/05/o-socialismo-e-uma-doutrina-triunfante/

No capitalismo, no entanto, a exploração é sempre apenas mitigada, nunca eliminada. Considere este exemplo (admitidamente abstrato): digamos que você está sendo pago 15 dólares por hora por um proprietário em uma firma estável e lucrativa. Você trabalha lá há cinco anos, e dedica a ela cerca de 60 horas por semana.

Não importa o aspecto de seu trabalho – se é fácil ou fatigante, tedioso ou excitante – uma coisa é certa: seu trabalho está produzindo mais (provavelmente muito mais) que 15 dólares por hora para o seu chefe. Essa diferença persistente entre o que você produz e o que você recebe de volta é exploração – uma fonte chave de lucros e riqueza no capitalismo.

E, é claro, com o seu salário você é forçado a comprar todas as coisas necessárias para uma boa vida – moradia, convênio de saúde, creche, educação superior – que são também mercadorias, produzidas por outros trabalhadores que também não são completamente remunerados por seus esforços.

Mudar as coisas de maneira radical significaria levar embora a fonte do poder dos capitalistas: a posse privada da propriedade.

Em uma sociedade socialista – mesmo em uma em que os mercados fossem mantidos em esferas como a dos bens de consumo – você e seus companheiros trabalhadores não passariam o dia tornando outras pessoas mais ricas. Você receberia uma porção maior da riqueza que produziu. Isso poderia se traduzir em mais conforto material, ou, alternativamente, na possibilidade de decidir trabalhar menos sem perder remuneração, talvez para fazer algum curso ou adotar um hobby.

Isso pode parecer um sonho, mas é inteiramente plausível. Trabalhadores em todos os níveis – do projeto, à produção, e à entrega – sabem como fazer as coisas de que a sociedade precisa, são os trabalhadores que fazem todas essas coisas todos os dias. A classe trabalhadora em seu conjunto é, portanto, perfeitamente capaz de fazer funcionar seus ambientes de trabalho de maneira coletiva, cortando fora o intermediário, o dono da propriedade privada.[17] De fato, o controle democrático sobre nossos ambientes de trabalho e sobre as outras instituições que dão forma às nossas comunidades é a chave para acabar com a exploração.[18]

Essa é a visão socialista: abolir a propriedade privada das coisas de que todos nós precisamos e usamos – fábricas, bancos, escritórios, recursos naturais, infraestrutura de comunicação e transporte, etc. – e substituí-los por propriedade social, minando assim a capacidade das elites de concentrar riqueza e poder. E esse é também o apelo ético do socialismo: um mundo onde as pessoas não tentem controlar as outras para ganhos pessoais, mas, ao invés disso, cooperem para que todo mundo possa florescer.[19]

---

[17] Sobre como poderia funcionar uma sociedade socialista, ver a entrevista com Sam Gindin, "Como organizar uma sociedade socialista": jacobin.com.br/2021/05/como-organizar-uma-sociedade-socialista/

[18] Sam Gindin argumenta que é possível oferecer os contornos gerais do que poderia ser o arranjos institucionais de um "socialismo plausível", ver o artigo "Socialismo para realistas": jacobin.com.br/2021/01/socialismo-para-realistas/

[19] O objetivo do socialismo é tão simples quanto belo: a libertação de todas as pessoas da dominação, substituindo os sonhos atrofiados e a alienação pelo florescimento humano e pela criatividade

Como propriedade pessoal, você pode manter para si seus CDs do Calypso.

De fato, em uma sociedade livre das destrutivas explosões econômicas endêmicas ao capitalismo, com mais segurança de emprego, e com as necessidades removidas da esfera do mercado, sua coleção de CDs estaria fora de perigo por que você nunca precisaria penhorá-la no desespero de arranjar dinheiro para pagar o aluguel.

Esse é o socialismo, em poucas palavras: menos John Lennon, mais Calypso.

---

ilimitada. Ver o artigo de Adam Sacks, "O socialismo é pelo humanismo real": jacobin.com.br/2019/06/o-socialismo-e-pelo-humanismo-real/

O socialismo não termina sempre em ditadura?

por Joseph M. Schwartz

O socialismo é muitas vezes confundido com autoritarismo, mas historicamente os socialistas têm estado entre os mais convictos defensores da democracia.

Uma geração foi ensinada que a Guerra Fria teria sido uma disputa entre a "liberdade" e a "tirania", com o resultado sendo uma vitória decisiva a favor do capitalismo democrático. O socialismo, em todas as suas cores e formas, foi identificado com os crimes da União Soviética e condenado à pilha de lixo das ideias ruins.

E, no entanto, muitos socialistas têm sido oponentes consistentes do autoritarismo tanto nas variedantes de esquerda quanto de direita. O próprio Marx entendia que apenas pelo poder de sua maioria numérica democrática os trabalhadores poderiam criar uma sociedade socialista. Para esse fim, o Manifesto Comunista conclui com uma convocatória à ação para que os trabalhadores vençam a "batalha pela democracia" contra as forças aristocráticas e reacionárias.[20]

[20] "Manifesto do Partido Comunista", Karl Marx e Friedrich Engels – jacobin.com.br/2021/02/manifesto-comunista/

Legiões de socialistas seguiram esse caminho, defendendo ardentemente os direitos políticos e civis, enquanto também lutavam para democratizar o controle sobre a vida econômica e cultural através da expansão de direitos sociais e da democracia no ambiente de trabalho. Apesar da afirmação comum de que "o capitalismo é igual a democracia", os próprios capitalistas, na ausência de pressões de uma classe trabalhadora organizada, nunca apoiaram reformas democráticas. Enquanto o sufrágio universal para homens brancos chegou nos Estados Unidos no período Jacksoniano,[21] os socialistas europeus tiveram de lutar até o final do século XIX contra regimes capitalistas autoritários na Alemanha, França, Itália, e outros lugares para alcançar o voto para a classe trabalhadora e para os homens pobres. Os socialistas ganharam apoio popular como os mais consistentes apoiadores do sufrágio universal masculino – e eventualmente, feminino – e do direito legal de formar sindicatos e outras associações voluntárias.

Os socialistas e seus aliados no movimento trabalhista também entenderam faz tempo que pessoas em um estado horrível de necessidade não podem ser livres. Por isso, a tradição socialista é popularmente identificada com a conquista da provisão pública de educação, saúde, creches e aposentadorias.

Para muitos socialistas, o apoio às reformas democráticas era incondicional; mas eles também acreditavam que o poder de classe necessário para restringir o poder do capital precisava ser aprofundado para que os trabalhadores pudessem controlar

---

[21] Período de governo de Andrew Jackson, sétimo presidente dos EUA (1829 – 1837).

completamente seus destinos sociais e econômicos. Enquanto denunciam o capitalismo como antidemocrático, os socialistas democráticos criticam também governos autoritários que se dizem de esquerda.

Revolucionários como Rosa Luxemburgo[22] e Victor Serge criticaram o governo soviético desde o início por banir partidos de oposição, eliminar experimentos em democracia no ambiente de trabalho e falhar em abraçar o pluralismo político e as liberdades civis. Se o Estado possui os meios de produção, a questão permanece: quão democrático é o Estado? Como Luxemburgo escreveu em seu panfleto de 1918 sobre a Revolução Russa:

> *Sem eleições gerais, sem liberdade de imprensa, liberdade de expressão, sem liberdade de associação, sem a livre batalha de opiniões, a vida em cada instituição pública definha, se torna uma caricatura de si mesma, e a burocracia se eleva como o único fator decisivo.*

Luxemburgo entendeu que a Comuna de Paris de 1871,[23] o breve experimento em democracia radical ao qual Marx e En-

---

22 Sobre a concepção democrática do socialismo em Rosa Luxemburgo, ver o artigo de Isabel Loureiro, "Socialismo ou barbárie": jacobin.com.br/2020/01/socialismo-ou-barbarie/

23 Sobre o significado da Comuna de Paris, ver os artigos: de Marcello Musto, "A Comuna de Paris ainda é uma fonte inesgotável para transformações radicais": jacobin.com.br/2021/03/a-comuna-de-paris-ainda-e-uma-fonte-inesgotavel-para-transformacoes-radicais/, de William Morris, "Por que celebramos a Comuna de Paris?": jacobin.com.br/2021/03/a-comuna-de-paris-ainda-e-

gels se referiram como um verdadeiro governo da classe trabalhadora, tinha múltiplos partidos políticos em seu conselho municipal, sendo que apenas um estava filiado à Associação Internacional dos Trabalhadores (de Marx). Fiéis a estes valores, socialistas, dissidentes comunistas, e sindicalistas independentes lideraram as rebeliões democráticas contra a liderança oficial comunista na Alemanha Oriental em 1953, na Hungria em 1956, e na Polônia em 1956, 1968 e 1980. Socialistas democráticos também lideraram o breve mas extraordinário experimento do "Socialismo com uma face humana" sob o governo Dubček na Tchecoslováquia em 1968.

A queda da União Soviética, porém, passa longe de significar que a democracia foi conquistada. Os socialistas rejeitam a afirmação de que a democracia capitalista é completamente democrática. De fato, os ricos têm abandonado seu compromisso até mesmo com uma democracia básica quando se sentem ameaçados por movimentos de trabalhadores.[24]

-uma-fonte-inesgotavel-para-transformacoes-radicais/ e a entrevista de Kristin Ross, "O significado antissectário da Comuna de Paris": jacobin.com.br/2019/09/o-significado-antisectario-da-comuna-de-paris/

[24] Sob o capitalismo, a disputa democrática é permitida desde que não ameace a classe dominante – uma vez que essa linha seja cruzada, a fachada democrática desmorona rapidamente com a colaboração do judiciário, do exército e da polícia. Ver o artigo de Daniel Finn, "Os conservadores e liberais não suportam a democracia": jacobin.com.br/2020/09/conservadores-e-liberais-nao-suportam-a-democracia/

A análise de Marx no 18 de Brumário sobre o apoio dos capitalistas franceses para o golpe de Luís Napoleão contra a Segunda República Francesa antecipa de forma arrepiante o apoio posterior ao fascismo nos anos 30. Em ambos os casos, uma pequena-burguesia declinante, uma classe média sitiada, e elites agrárias tradicionais conquistaram o apoio dos capitalistas para frustrar a crescente militância da classe trabalhadora e para derrubar governos democráticos.

Os regimes autoritários dos anos 70 e 80 na América Latina, da mesma forma, se basearam no apoio empresarial de natureza similar. Muito do prestígio da esquerda europeia no pós-guerra e da esquerda latino americana atual vem deles terem sido os mais consistentes oponentes do fascismo.

Os movimentos socialistas e anti-coloniais do século XX compreenderam que os objetivos democráticos revolucionários de Igualdade, Liberdade e Fraternidade nunca seriam realizados se um poder econômico desigual pudesse ser transformado em poder político e se os trabalhadores fossem dominados pelo capital. Os socialistas lutam por democracia econômica devido à convicção radicalmente democrática de que "o que afeta a todos deveria ser decidido por todos."

O argumento capitalista de que a escolha individual no mercado equivale a liberdade esconde a realidade de que o capitalismo é um sistema antidemocrático em que a maioria das pessoas gasta a maior parte da vida sendo "mandada" por alguém. As corporações são formas de ditaduras hierárquicas, já que aqueles que trabalham nelas não têm voz sobre o que produzem, como produzem e como os lucros que criam são utilizados. Democratas radicais acreditam que qualquer autoridade vinculante (não apenas a lei estatal, mas também o poder de determinar a divisão do trabalho no interior da empresa) só é válida se todos os membros da instituição afetados por essas práticas possuem voz igual no processo de tomada das decisões.

Democratizar uma economia complexa provavelmente tomaria uma variedade de formas institucionais, variando de propriedades dos trabalhadores e cooperativas, até propriedade estatal de instituições financeiras e monopólios naturais (tais como telecomunicações e energia) – assim como também regulações internacionais ambientais e de padrões de trabalho.

A estrutura geral da economia seria determinada através de políticas democráticas e não por burocratas estatais. Mas a questão permanece: como se mover para além da oligarquia capitalista rumo à democracia socialista? Pelo final dos anos 70, muitos socialistas democráticos reconheciam que a lucratividade das corporações capitalistas havia sido espremida pelas restrições que os movimentos trabalhistas, feministas, ambientalistas e anti-racistas dos anos 60 haviam imposto ao capital. Entendiam perfeitamente que os capitalistas iriam retaliar através de mobilização política, terceirizações e "greves de capital". Assim, por toda a Europa, os socialistas pressionaram por reformas que pretendiam conquistar um controle público maior sobre os investimentos. O movimento trabalhista sueco abraçou o "Plano Meidner", um programa que taxaria os lucros corporativos por um período de 25 anos para criar a propriedade pública das principais empresas.[25] Uma coalizão socialista/

[25] Sobre as conquistas e limites da social-democracia sueca, incluindo a história do plano Mediner e a contra-ofensiva burguesa, ver

comunista que elegeu François Mitterrand para a presidência da França em 1981 nacionalizou 30% da indústria francesa e melhorou radicalmente os direitos de negociação coletiva.

Em resposta, os capitais franceses e suecos investiram no estrangeiro em vez de em seus países, criando uma recessão que interrompeu esses movimentos na direção do socialismo democrático. As políticas de Thatcher e Reagan, que inauguraram quarenta anos de des-sindicalização e cortes de seguridade social, confirmaram a previsão da esquerda de que ou os socialistas avançariam para além do Estado de Bem-Estar Social, na direção do controle democrático sobre o capital, ou o poder capitalista erodiria os ganhos da Social-Democracia do Pós-Guerra.[26]

Hoje, socialistas por todo o mundo encaram o assustador desafio de como reconstruir o poder político da classe trabalhadora com força suficiente para derrotar o consenso tanto dos conservadores quanto dos Social-Democratas de "Terceira-Via" em favor da austeridade ditada pelas corporações.

E quanto aos muitos governos no mundo em desenvolvimento que ainda chamam a si mesmos de socialistas, particularmente os Estados-de-um-partido-só? De muitas maneiras, os Estados comunistas de um-partido-só tem mais em comum com os antigos Estados autoritários capitalistas "desenvolvimentistas" – como a Prússia (hoje parte da Alemanha) e o Ja-

o artigo de Kjell Östberg, "As limitações do reformismo": jacobin.com.br/2020/10/o-fim-do-reformista/

26 Sobre esse dilema, ver o artigo de Peter Frase, "O ponto de ruptura da social-democracia": jacobin.com.br/2019/10/o-ponto-de-ruptura-da-social-democracia/

pão no final do século XIX, e a Coreia do Sul e Taiwan no pós-guerra – do que com a visão do socialismo democrático. Estes governos priorizavam a industrialização liderada pelo Estado acima dos direitos democráticos, que permitiriam um movimento trabalhista independente.

Nem Marx nem o socialismo europeu clássico anteciparam que partidos socialistas revolucionários tomariam o poder mais facilmente em sociedades autocráticas, predominantemente agrárias. Em parte, estes partidos se baseavam em uma nascente classe trabalhadora radicalizada pela exploração nas mãos do capital estrangeiro. Mas na China e na Rússia, os comunistas também chegaram ao poder por que a aristocracia e os senhores da guerra falharam em defender seus povos contra a invasão estrangeira – os exércitos de camponeses derrotados queriam paz e terra. A tradição marxista não tinha muito a dizer sobre como sociedades pós-coloniais predominantemente agrárias poderiam se desenvolver de uma maneira igualitária e democrática. O que a história nos conta é que tentar forçar camponeses que acabaram de receber terras privadas pelas mãos de revolucionários comunistas, de volta para fazendas estatais coletivas resulta em guerras civis brutais que fazem retroceder o desenvolvimento econômico por décadas.

Reformas econômicas contemporâneas na China, no Vietnã e em Cuba favorecem uma economia de mercado mista, com um papel significativo para o capital estrangeiro e para camponeses proprietários de terras. Mas elites de um-partido-só instituindo estes experimentos em pluralismo econômico têm quase sempre reprimido defensores de pluralismo político, liberdades civis e direitos trabalhistas. Apesar do assédio estatal contínuo, as crescentes lutas trabalhistas independentes em locais como China e Vietnã podem reviver o papel da classe trabalhadora na promoção da democracia. É a esses movimentos, não a governos autocráticos, que os socialistas deveriam emprestar sua solidariedade.

Existe também uma rica história de experimentos em socialismo democrático no mundo em desenvolvimento, variando do governo da Unidade Popular de Salvador Allende no Chile nos anos 70 até os primeiros anos do governo de Michael Manley na Jamaica na mesma década. A "Onda Rosa" latino-americana na Bolívia, Venezuela, Equador e Brasil nos anos 2000 representou diversos experimentos em desenvolvimento democrático – embora suas políticas de governo dependessem mais da redistribuição dos ganhos da exportação de produtos primários do que da reestruturação das relações de poder econômico. Mas o governo dos Estados Unidos e os interesses capitalistas globais trabalham consistentemente para minar mesmo estes esforços modestos em democracia econômica.[27]

A CIA e a Inteligência Britânica derrubaram o governo democraticamente eleito de Mohammad Mosaddegh no Irã em 1954, quando ele nacionalizou a British Oil. O FMI e o Banco Mundial cortaram o crédito para o Chile e a CIA aju-

---

[27] O ex-presidente do Equador, Rafael Correa, em entrevista para a Jacobin, explica como o governo dos Estados Unidos atuou para minar a democracia na região: jacobin.com.br/2019/11/presidente-correa-a-jacobin-claramente-o-que-aconteceu-na-bolivia-foi-um-golpe/. Ver também a entrevista de Evo Morales à Jacobin, após sofrer um golpe de Estado: jacobin.com.br/2020/10/nossos-movimentos-sociais-vao-conquistar-de-volta-a-democracia/

dou ativamente no brutal golpe militar de Augusto Pinochet naquele país.[28] De forma parecida, os Estados Unidos conspiraram com o FMI para estrangular a economia jamaicana na Era Manley.

A hostilidade capitalista com governos mesmo moderadamente reformistas no mundo em desenvolvimento não conhece limites. Os EUA derrubaram violentamente o governo de Jacobo Árbenz na Guatemala em 1954 e a presidência de Juan Bosch na República Dominicana em 1965 porque eles favoreceram modestas reformas agrárias. Para quem estuda a história, a questão não é se o socialismo necessariamente leva a ditadura, mas como um movimento socialista reavivado poderia superar a natureza oligárquica e antidemocrática do capitalismo.

---

[28] Sobre a sabotagem do governo dos Estados Unidos às experiências democráticas no América Latina, o apoio à Operação Condor e às ditaduras militares, ver o artigo de Branko Marcetic, "A guerra secreta global da CIA contra a esquerda": jacobin.com.br/2021/01/a-guerra-secreta-global-da-cia-contra-a-esquerda/

O socialismo não é um conceito ocidental?

por Nivedita Majumdar

O socialismo não é eurocêntrico: a lógica do capital é universal – e a resistência contra ele também.

O socialismo está no ar. Retornou aos Estados Unidos com a crise econômica de 2008, que deixou evidente para uma nova geração a natureza exploratória do capitalismo, e desencadeou lutas para desafiar a austeridade e a atordoante desigualdade econômica. A atividade militante de um diverso conjunto de movimentos contribuiu para criar o ambiente político para que um candidato presidencial pudesse falar abertamente sobre socialismo em um palco nacional.

Mesmo não sendo a mais radical das figuras, Bernie Sanders, que abraça orgulhosamente o título de socialista, atraiu dezenas de milhares para sua campanha, superando as expectativas de todo mundo.

Não é surpresa, então, que a ideia de socialismo também esteja sofrendo um contra-ataque pesado – e não apenas pela direita. Dentro da esquerda mesmo há uma desconfiança a respeito de um ideal que muitos enxergam como unicamente focado em questões econômicas, e distante de outros sofrimentos cotidianos, como os relacionados a questões raciais. A evocação da social-democracia escandinava feita por Sanders tem suscitado críticas que endossam um tipo de "excepcionalismo nórdico", hostil à diversidade. Tais ataques mesmo às versões mais dóceis de socialismo são nutridos especialmente nos campi universitários, por suposições teóricas que veem o marxismo, e muitos de seus descendentes, como irremediavelmente eurocêntricos.[29]

A premissa subjacente nestas linhas de ataque relacionadas é que o socialismo, uma ideologia supostamente ocidental (e branca), mesmo que seja capaz de lidar com injustiças econômicas, permanece incapaz de conversar com as experiências de opressão e discriminação vividas no Sul Global, e por grupos oprimidos em outros lugares.

Existe alguma validade nessas críticas? O ideal socialista repousa sobre a crença de que os trabalhadores por todo o mundo sofrem nas mãos de capitalistas e que compartilham um interesse comum em resistir à exploração. Dizer que isso é uma ideia estritamente ocidental seria novidade para os mais de 1100 trabalhadores têxteis em Dhaka, em Bangladesh, que foram mortos em abril de 2013 quando a construção da fábrica Rana Plaza em que eles estavam trabalhando colapsou sobre eles. O prédio havia sido declarado em risco de segurança, mas

[29] Ver também outro artigo de Nivedita Majumdar, no qual argumenta que, por ser um "esforço para lutar contra uma ordem social desumanizada e para criar as condições para o florescimento humano", o socialismo é um "impulso universal". "O socialismo é eurocêntrico?": jacobin.com.br/2020/08/o-socialismo-e-eurocentrico/

os empregadores forçaram os trabalhadores a continuarem lá sob ameaça de demissão.

Dois anos depois do colapso da fábrica, o Human Rights Watch [Observatório de Direitos Humanos] conduziu um estudo detalhado das práticas industriais em Bangladesh. Encontraram por toda a área industrial severas retaliações contra o trabalho organizado, que é a garantia efetiva contra condições de trabalho arriscadas e salários terríveis. Para sabotar as atividades sindicais, os proprietários de fábricas rotineiramente promovem perversas campanhas de intimidação e retaliação contra os trabalhadores, em sua maioria mulheres. Trabalhadores que tentam iniciar organizações no chão de fábrica costumam não apenas perder seus empregos, mas muitas vezes são colocados em uma lista negra de todo o setor.

No outro lado do globo, em abril de 2015, o Walmart fechou cinco de suas lojas, demitindo 2200 trabalhadores com apenas algumas horas de aviso. Enquanto a razão alegada para os fechamentos era a de "reparos de encanamento", na realidade foi uma ação de retaliação contra trabalhadores que tentavam se organizar por um salário mínimo e melhores condições de trabalho. O Walmart, onde trabalhadores chegaram a entrar em greve de fome em protesto contra os salários de pobreza, é o maior empregador de negros, hispânicos e mulheres nos Estados Unidos.

É eurocêntrico afirmar que os trabalhadores de vestuário bengaleses têm tanto em jogo na luta por seus direitos econômicos – por uma vida decente e segurança no trabalho – quanto os trabalhadores nos Estados Unidos demitidos das lojas do Walmart? Certamente os administradores e proprietários de fábricas bengalesas não pensam assim. Não estão menos preocupados, e nem são menos hostis, com a ideia dos trabalhadores se organizando do que os administradores do Walmart.

Os capitalistas por todo o mundo enxergam os trabalhadores como uma fonte de lucro. Em um sistema guiado apenas pela motivação do lucro, existe pouco incentivo para abordar as necessidades dos trabalhadores além do que dita o mercado – e as leis do mercado, não importa o que afirmam os economistas neoclássicos, não são justas ou imparciais. O poder econômico e político superior do capital garante que as leis do mercado estejam invariavelmente em seu favor.

Em ambos os contextos, porém, uma análise socialista aponta para outra realidade em jogo. Contra todas as possibilidades, os trabalhadores invariavelmente contra-atacam, mas é sempre uma batalha agonizante, com o capital usando cada arma em seu arsenal para esmagar a resistência dos trabalhadores. Os métodos cruéis dos chefes incluem intimidação física quando podem sair impunes, como em Bangladesh, e jogadas mais polidas, do tipo fechar lojas inteiras, como nos Estados Unidos. Para os trabalhadores, o resultado das batalhas é sempre arriscado e imprevisível porque o capital reage brutalmente contra a dissidência a todo instante. No entanto, o capital nunca consegue estar completamente tranquilo, porque por todo o lado a exploração faz nascer a resistência.

O socialismo não é eurocêntrico porque a lógica do capital é universal – e a resistência a essa lógica também é. Especificidades culturais podem dar formas diferentes a alguns detalhes da operação do capital nos Estados Unidos, em Bangladesh, na França ou na Nicarágua, mas não alteram sua priorização fundamental do lucro acima das pessoas. É por isso que, por mais de 100 anos, muitos dos mais poderosos e extensos movimentos sociais no Sul Global têm se inspirado nos ideais socialistas.

Não importa as suas diferenças, líderes tão diversos como Mao Tsé-Tung na China, Kwame Nkrumah em Gana, Walter Rodney na Guiana, Chris Hani na África do Sul, Amílcar Cabral[30] em Guiné-Bissau, M. N. Roy na Índia e Che Guevara por toda a América Latina viram o socialismo como uma teoria e prática não menos relevante em sua experiência do que foi para os sindicalistas europeus. E sim, estes revolucionários também tiveram de encarar oponentes que repudiavam suas causas como uma teoria ocidental, inapropriada para as realidades do Oriente ou Sul global: os líderes da direita religiosa, as classes de proprietários de terra, e outras elites econômicas.

O crime do capitalismo é que ele força a vasta maioria da população a permanecer preocupada com questões básicas de nutrição, moradia, saúde e aquisição de habilidades, e deixa pouco tempo para incentivar a comunidade e a criatividade que os humanos almejam.

Na manhã fatídica do colapso de Rana Plaza, os trabalhadores estavam relutantes em entrar no prédio. Grandes rachaduras haviam aparecido nas paredes da fábrica e inspetores haviam declarado o prédio uma ameaça. Mesmo assim, a administração forçou os trabalhadores a começar a trabalhar. Uma mãe devastada depois lembrou que sua filha de 18 anos,

---

30 Sobre a história de Amílcar Cabral, ver o artigo de Peter Mendy Sa'eed Husaini, "O socialista que ajudou a derrotar o colonialismo português": jacobin.com.br/2019/11/o-socialista-que-ajudou-a-derrotar-o-colonialismo-portugues/

que morreu no colapso, havia sido ameaçada com a perda do pagamento do mês inteiro se escolhesse não trabalhar naquele dia. Essa é uma forma específica de desumanização, nascida da privação e da impotência, e é familiar para trabalhadores em todas as partes do mundo, que são forçados a escolher entre seu sustento e sua segurança. O socialismo identifica a fonte de tal desumanização – a propriedade privada dos meios de produção e a exploração – e a rejeita.

O capitalismo não apenas oprime os trabalhadores no chão de fábrica. Ele cria toda uma cultura em que a lógica da opressão e da competição se tornam senso-comum, colocando as pessoas contra as outras e contra a sua própria humanidade. Como o personagem de Franz Kafka em "A Metamorfose", Gregor Samsa, as pessoas são alienadas de sua própria natureza humana, isoladas dos outros seres humanos, e torturadas pela perda de tudo o que poderia ser possível.

Não há nada eurocêntrico em rejeitar a lógica destrutiva do capital e lutar por um mundo melhor para substituí-lo. É a escolha genuinamente universal e humana.

E quanto ao racismo? Os socialistas não se importam só com a classe?

por Keeanga-Yamahtta Taylor

Na verdade acreditamos que a luta contra o racismo é central para desfazer o poder da classe dominante.

Há alguns anos, o movimento Black Lives Matter [Vidas Negras Importam] tomou os Estados Unidos.[31] O slogan central do movimento era um simples e declarativo reconhecimento de humanidade negra em uma sociedade assolada por desigualdades econômicas e sociais desproporcionalmente experimentadas pelo povo negro.[32]

O movimento é relativamente novo, mas o racismo que o gerou não é. Seja qual for o barômetro – saúde, educação, emprego, pobreza – a população negra está em situação pior.

---

[31] Mais recentemente, a autora, Keeanga-Yamahtta Taylor, voltou a analisar as limitações e o legado dessa onda de protestos para o movimento negro organizado nos Estados Unidos, ver o artigo "Qual foi o resultado do movimento "Black Lives Matter"?": jacobin.com.br/2019/11/qual-foi-o-resultado-do-movimento-black-lives-matter/

[32] Para uma discussão sobres esses protestos, no Brasil e no mundo, a partir de uma perspectiva brasileira, ver o artigo de João Coimbra Sousa, "Não pode haver país no capitalismo racial": jacobin.com.br/2020/10/nao-pode-haver-paz-no-capitalismo-racial/

Representantes eleitos de todo o espectro político muitas vezes colocam a culpa por essas disparidades na ausência de "responsabilidade pessoal" ou as enxergam como um fenômeno cultural particular aos negros.

Na realidade, a desigualdade racial tem sido produzida de maneira ampla por políticas de governo e instituições privadas que não apenas empobrecem a população negra, mas que também a demoniza e a criminaliza.

Ainda assim, o racismo não é simplesmente um produto de políticas públicas erráticas ou mesmo de atitudes individuais de pessoas brancas racistas – e entender as raízes do racismo na sociedade é crucial para erradicá-lo. Desenhar políticas públicas melhores e banir o comportamento discriminatório por indivíduos ou instituições não vai resolver o problema. E embora exista uma necessidade séria de ação governamental para banir práticas que ameaçam grupos inteiros de pessoas, estas estratégias falham em compreender a escala e a profundidade da desigualdade racial. Temos de olhar para além dos representantes eleitos ou mesmo daqueles que prosperam a partir da discriminação racial no setor privado: precisamos dar uma olhada na forma com que a sociedade está organizada sob o capitalismo.[33]

[33] Para uma avaliação crítica sobre os impasses de um antirracismo sem perspectiva de classe, ver o artigo de Douglas Barros, "Os limites do antirracismo liberal": jacobin.com.br/2020/07/os-limites-do-antirracismo-liberal/

Dividir e dominar

O capitalismo é um sistema econômico baseado na exploração de muitos por poucos. Por causa da brutal desigualdade que ele produz, o capitalismo depende de várias ferramentas políticas, sociais e ideológicas para racionalizar essa desigualdade ao mesmo tempo em que divide a maioria, que teria todo o interesse em se unir para resistir a ela.

Como o 1% mais rico mantém seu controle desproporcional da riqueza e dos recursos na sociedade estadunidense? Por um processo de "dividir para dominar".

O racismo é apenas uma entre muitas opressões que pretendem servir a este propósito. Por exemplo, o racismo estadunidense se desenvolveu sob um regime de escravidão como uma justificação para a escravização de africanos em uma época em que o mundo estava celebrando os conceitos de autonomia, liberdade e autodeterminação.

A desumanização e sujeição das pessoas negras tinham de ser racionalizadas neste momento de novas possibilidades políticas. O objetivo central era preservar a instituição da escravidão e as enormes riquezas que ela produzia.

Como Karl Marx[34] reconheceu:

> Escravidão direta é um pivô da indústria burguesa tanto quanto o maquinário, o crédito, etc. Sem a escravidão você não tem

[34] Sobre o engajamento de Marx com a luta abolicionista, ler artigo de Kevin Anderson, "O que Marx entendia sobre a escravidão": jacobin.com.br/2019/09/o-que-marx-entendia-sobre-a-escravidao/

> algodão; sem algodão você não tem a indústria moderna. É a escravidão que deu às colônias seu valor; são as colônias que criaram o comércio mundial e é o comércio mundial que é pré-condição para a indústria de larga-escala. Assim, a escravidão é uma categoria econômica da maior importância.

Marx também identificava a centralidade do trabalho escravo africano na gênese do capitalismo quando ele escreveu que "a descoberta de ouro e prata na América, a extirpação, escravização e sepultamento em minas da população aborígene, o início da conquista e do saque das Índias Orientais, a transformação da África em um viveiro para caça comercial de peles negras, sinalizaram a rósea aurora da era de produção capitalista."

As necessidades de mão-de-obra pelo capital apenas poderiam explicar como o racismo funcionava sob o capitalismo. A desumanização literal de africanos por causa do trabalho era usada para justificar seu tratamento cruel e seu status depreciado nos EUA.

Sua desumanização não acabou simplesmente quando a escravidão foi abolida; ao invés disso, a marca de inferioridade estigmatizando a pele negra seguiu depois da emancipação e estabeleceu as bases para a cidadania de segunda-classe que os negros experimentaram por quase cem anos após o fim da escravidão.

O rebaixamento dos negros também tornou os afro-estadunidenses mais vulneráveis a todo tipo de coerção e abuso econômico – e não só à discriminação "anti-negro." Coerção e exploração estavam baseadas nas demandas econômicas em evolução do capital, mas seus impactos repercutiram para muito além do reino econômico. As pessoas negras foram despojadas de seu direito ao voto, sujeitas à violência arbitrária, e empurradas para o trabalho servil e mal pago. Esta foi a economia política do racismo nas Américas.

Havia outra consequência do racismo e da estigmatização dos negros. As pessoas negras estavam tão completamente banidas da vida social, civil e política que era virtualmente impossível para a vasta maioria de brancos pobres e da classe trabalhadora mesmo conceber se unir com negros e desafiar o poder e a autoridade da elite branca dominante.

Marx reconheceu esta divisão básica dentro da classe trabalhadora quando observou que "nos Estados Unidos, todo movimento operário independente ficou paralisado durante o tempo em que a escravidão desfigurou uma parte da república. O trabalho de pele branca não pode se emancipar onde o trabalho de pele negra é marcado a ferro."

Marx compreendeu a dinâmica moderna do racismo como um meio pelo qual trabalhadores que teriam interesses objetivos em comum podiam também se tornar inimigos mortais por causa de ideias subjetivas nacionalistas e racistas – mas mesmo assim, reais. Observando as tensões entre trabalhadores irlandeses e ingleses, Marx escreveu:

> Cada centro comercial e industrial na Inglaterra possui uma classe trabalhadora dividida em dois campos hostis, proletários ingleses e proletários irlandeses. O trabalhador inglês comum odeia o irlandês como um competidor que rebaixa seu padrão de vida. Em relação ao trabalhador irlandês ele sente a si mesmo como um membro de uma nação dominante e então transforma

a si mesmo em uma ferramenta de aristocratas e capitalistas de seu país contra a Irlanda...

Este antagonismo é mantido vivo artificialmente e intensificado pela imprensa, o púlpito, os tabloides, em resumo, por todos os meios à disposição das classes dominantes. Este antagonismo é o segredo da impotência da classe trabalhadora inglesa, apesar de sua organização. É o segredo pelo qual o capitalista mantém seu poder. E aquela classe está totalmente ciente disso.

Para os socialistas, reconhecer a centralidade do racismo na divisão da classe que tem o poder real para desfazer o capitalismo tem tipicamente o envolvimento pesado dos socialistas em campanhas e movimentos sociais para acabar com o racismo.

No entanto, dentro da tradição socialista também houve os que alegavam que como os negros, e a maioria de outros não-brancos, são desproporcionalmente pobres e de classe trabalhadora, campanhas que que tem como objetivo acabar com a desigualdade econômica iriam, sozinhas, eliminar também a opressão racial. Esta posição ignora como o racismo constitui sua própria base para a opressão de pessoas não-brancas. Pessoas negras e de outras minorias não-brancas são oprimidas não apenas por causa de sua pobreza mas também por causa de suas identidades raciais ou étnicas.

Também não há correlação direta entre expansão econômica, ou condições econômicas melhoradas, e uma queda na desigualdade racial. Na realidade, a discriminação racial muitas vezes evita que a população negra possa acessar completamente os frutos da expansão econômica.

No fim das contas, a insurgência negra dos anos 60 coincidiu com a economia robusta e pujante dos anos 60 – os negros estavam se rebelando porque haviam sido excluídos da abundância americana. Olhar para o racismo como apenas um resultado secundário da desigualdade econômica ignora as formas como o racismo existe enquanto uma força independente, que causa estragos nas vidas de todas as pessoas negras.

A luta contra o racismo regularmente intersecciona lutas por igualdade econômica, mas o racismo não se expressa apenas em questões econômicas. Lutas antirracistas também tomam lugar em resposta às crises sociais que comunidades negras experimentam, incluindo lutas contra a perseguição e a discriminação; a brutalidade policial; as desigualdades de educação, saúde e moradia; o encarceramento em massa e outros aspectos do sistema de "justiça criminal."

Estas lutas contra a desigualdade racial são críticas, tanto para melhorar as vidas de afro-estadunidenses e de outras minorias raciais e étnicas no aqui-e-agora, e para demonstrar para as pessoas brancas comuns o impacto destrutivo do racismo nas vidas de pessoas não-brancas.

Conquistar pessoas brancas comuns para um programa antirracista é um componente chave para construir um movimento de massas genuíno e unificado capaz de desafiar o capital. A unidade não pode ser atingida sugerindo que pessoas negras deveriam minimizar o papel do racismo em nossa sociedade para não alienar os brancos, focando apenas na luta "mais importante" contra a desigualdade econômica.

É por isso que agrupamentos multirraciais de socialistas sempre participaram nas lutas contra o racismo. Ao longo do século XX, afro-estadunidenses se tornaram uma população mais urbana, em constante conflito e competição com brancos (nativos ou imigrantes) por empregos, moradia e escolas. Conflitos violentos entre negros e brancos de classe trabalhadora acentuam o quanto a divisão racial destrói os laços de solidariedade necessários para coletivamente desafiar patrões, senhores de terra e políticos.

Os socialistas desempenharam papéis-chave nas campanhas contra o linchamento e o racismo no sistema judiciário e criminal, como na campanha dos "Garotos de Scottsboro" nos anos 30, quando nove jovens afro-estadunidenses foram acusados de estuprar duas mulheres brancas em Scottsboro, Alabama. A progressista "Associação Nacional Para o Avanço das Pessoas 'De Cor'" (NAACP) estava relutante em assumir o caso, mas os julgamentos de Scottsboro se tornaram uma prioridade para o Partido Comunista e sua organização afiliada "Defesa Internacional do Trabalho" (ILD).

Uma parte da campanha envolveu percorrer o país, e depois o mundo, com as mães dos garotos para chamar atenção e despertar apoio para seu caso. Ada Wright – mãe de dois dos garotos – viajou 16 países em 6 meses em 1932 para contar a história de seus filhos. Como estava viajando com conhecidos comunistas, foi frequentemente impedida de falar. Na Tchecoslováquia, foi acusada de ser comunista e ficou presa por 3 dias, antes de ser expulsa do país.

Os socialistas estiveram envolvidos nos impulsos de sindicalização entre afro-estadunidenses e foram centrais para as campanhas de direitos civis para negros e outras minorias oprimidas no Norte, Sul e no Oeste do país. Este engajamento explica por que muitos líderes da comunidade negra gravitaram em torno de políticas socialistas ao longo de suas vidas – os socialistas sempre buscaram articular uma visão de sociedade que pudesse garantir a liberdade negra genuína.

No final dos anos 60, mesmo figuras como Martin Luther King Jr. estavam descrevendo um tipo de visão de futuro socialista.[35] Em uma fala em 1966 para um encontro de sua organização "Conferência de Liderança Cristã do Sul", King comentou:

> Nós precisamos encarar honestamente o fato de que o movimento precisa lidar com a questão da reestruturação completa da sociedade estadunidense. Existem 40 milhões de pessoas pobres aqui. E um dia nós devemos fazer a pergunta, "por que existem 40 milhões de pessoas pobres nos Estados Unidos da América?" E quando você começa a fazer essa pergunta, você está levantando questões sobre o sistema econômico, sobre uma distribuição mais ampla de riqueza. Quando você faz essa pergunta, você começa a questionar a economia capitalista.... "A quem pertence o petróleo?" Você começa a perguntar, "a quem pertence o minério de ferro?" Você começa a perguntar, 'por que

---

[35] O reverendo Martin Luther King foi uma das mais destacadas lideranças negras do movimento dos direitos civis. No fim da vida era um socialista declarado, e uma de suas últimas iniciativas foi organizar a "Marcha dos pobres". Foi assassinado em abril de 1968, em Memphis, onde havia ido para apoiar uma greve dos trabalhadores de saneamento. Sobre a evolução política do Dr. King, ver o artigo de Lee Sustar: jacobin.com.br/2020/04/a-evolucao-politica-do-dr-king/

as pessoas precisam pagar contas de água em um mundo que é dois terços água?" Estas são questões que precisam ser feitas.

Enquanto os movimentos continuaram a se radicalizar, grupos como os Panteras Negras[36] e a Liga de Trabalhadores Negros Revolucionários seguiram na tradição de Malcom X[37] quando

---

[36] O Partido dos Panteras Negras, uma organização socialista negra fundada em 1966 em Oakland, Califórnia, agitava pelo "Poder Negro" e tinha inspiração marxista-leninista. Em 1969 o FBI assassinou o jovem presidente do capítulo de Illinois do partido, Fred Hampton, então com apenas 21 anos. A história de Fred Hampton, e de como ele idealizou e organizou a "Coalizão Arco-íris" é contada é contada no filme de 2021 "Judas e o Messias Negro". Para saber mais sobre como e porquê o FBI espionou, emboscou e matou Fred Hampton, ver o artigo de Aaron Leonard e Conor Gallagher: jacobin.com.br/2021/08/como-e-por-que-o-fbi-assassinou-fred-hampton/. Sobre como Fred Hampton montou uma coalizão multirracial de grupos militantes da classe trabalhadora para enfrentar o racismo e a brutalidade policial, ver o artigo de Michael McCanne, "Os Panteras Negras, os Jovens Patriotas e a Coalizão Arco-íris": jacobin.com.br/2019/12/os-panteras-negras-os-jovens-patriotas-e-a-coalizao-arco-iris/. O último discurso público de Fred Hampton, na Igreja Olivet, "Poder em qualquer lugar que haja povo": jacobin.com.br/2020/08/poder-em-qualquer-lugar-onde-haja-povo/

[37] Malcolm X, assim como Martin Luther King, se radicalizou ao longo da vida, e em seus se aproximou do movimento revolucionário anti-colonial. Em 1960 se encontra com chefes de Estado do Movimento dos Países Não-Alinhados, como o egípcio Gamal Nasser e o líder da revolução cubana, Fidel Castro. Ao voltar, em

vincularam a opressão negra diretamente ao capitalismo. Os Panteras e a Liga foram mais longe do que Malcom ao tentar construir organizações socialistas para o propósito específico de organizar os negros da classe trabalhadora para lutar por um futuro socialista.

Hoje o desafio para os socialistas não é diferente: se engajar centralmente nas lutas contra o racismo enquanto também lutam por um mundo baseado nas necessidades humanas, não no lucro.

> A luta de classes muda as ideias e os preconceitos das pessoas e forja novos laços de solidariedade. Lutas da classe trabalhadora têm desempenhado um papel central na conquista de trabalhadores brancos para a luta contra o racismo.

1964, de uma viagem à África, afirmou que a revolta do negro americano faz parte de uma onda de rebelião contra a opressão e o colonialismo que marcam uma nova era de revoluções: "estamos vendo uma rebelião global dos oprimidos contra os opressores, dos explorados contra os exploradores". Sobre a evolução política de Malcolm X, ver o artigo de Ahmed Shawki, "O legado de Malcolm X": jacobin.com.br/2020/02/o-legado-de-malcolm-x/

Um mundo socialista não significaria apenas uma crise ambiental maior ainda?

por Alyssa Battistoni[38]

Sob o socialismo, tomaríamos decisões sobre o uso dos recursos democraticamente, levando em consideração necessidades e valores humanos, em vez da maximização dos lucros.

O capitalismo está espalhando destruição sobre o mundo em que vivemos. As mudanças climáticas ameaçam alterar nosso planeta para além do reconhecível, inundando cidades e vilas costeiras, intensificando secas e ondas de calor e aumentando a frequência de eventos climáticos extremos.

Os efeitos mais nocivos, é óbvio, já estão recaindo sobre as pessoas pobres do mundo. A sobrepesca industrial tem empur-

[38] Alyssa Battistoni é também coautora, junto com Thea Riofrancos, Daniel Aldana Cohen e Karen Aronoff, do livro *Um planeta a conquistar: a urgência de um Green New Deal*, publicado pela Autonomia Literária em 2021, também na coleção Jacobin. Ver também a resenha de Battistoni do livro de Naomi Klein sobre o Green New Deal, "Como evitar a catástrofe climática e a crise econômica que se aproximam": jacobin.com.br/2020/12/como-evitar-a-catastrofe-climatica-e-a-crise-economica-que-se-aproximam/

rado pescadores para o ponto de colapso; suprimentos de água doce são escassos em regiões que abrigam metade da população mundial; fazendas de cultivo industrial com uso intensivo de fertilizantes tem exaurido de nutrientes as terras; florestas têm sido derrubadas em ritmo atordoante para abrir caminho para o agronegócio e a criação de gado; as taxas de extinção de espécies são comparáveis com aquelas de cataclismas pré-históricos provocados por meteoros.

Estes não são problemas que podem ser resolvidos como se troca uma lâmpada. As atividades humanas têm transformado o planeta inteiro de formas que estão agora ameaçando a maneira em que o habitamos – alguns de nós muito, muito mais do que outros. Mas se você apontar que não é a "Humanidade" em abstrato que deveríamos responsabilizar, mas o capitalismo,[39] ouvirá uma réplica familiar: "O socialismo também é ruim para o meio-ambiente!"

O argumento é que a produção na União Soviética também se baseava em combustíveis fósseis, degradava terras agrícolas, poluía rios e desflorestava vastas extensões. É verdade que o histórico ambiental da URSS não inspira muita confiança.[40] Mas isso não significa que o capitalismo é capaz de resol-

---

39 Ver o artigo de Andreas Malm, "O mito do Antropoceno", no qual argumenta que culpa a humanidade como um todo pelas mudanças climáticas é deixar o capitalismo escapar impune das tragédias que produz: jacobin.com.br/2019/08/o-mito-do-antropoceno/

40 O histórico não é igualmente ruim em todas as experiências do chamado "socialismo real". Sobretudo a partir do período especial, após a queda da União Soviética, Cuba deu passos importantes na direção da transição ecológica, começando por adotar em

ver nossos problemas ambientais, como declaram empreendedores de um verde desbotado, ou que a sociedade industrial moderna precisa ser abandonada por completo, como alguns ambientalistas de um verde profundo já chegaram a sugerir. O capitalismo pode certamente sobreviver a condições ambientais se agravando, pelo menos por um tempo – mas ele vai sobreviver sob condições de um "*eco-apartheid*" cada vez maior, com segurança e conforto para os ricos e uma escassez crescente para o resto.[41]

Assim, o sonho socialista do século XX de maximizar a produção na busca de abundância e igualdade parece cada vez mais insustentável. Marxistas afirmavam que o comunismo surgiria em meio a condições pós-capitalistas de superabundância: uma vez que os motores do capitalismo estivessem a pleno vapor, poderiam ser tomados e colocados a benefício de todos. Mas esses motores não podem mais funcionar às custas de combustíveis fósseis, e o capitalismo consumista con-

larga escala práticas de agroecologia e, mais recente, orientando sua economia para responder aos desafios das mudanças climáticas. Ver o artigo de Helen Yaffe, "Cuba mostra como agir contra as mudanças climáticas": jacobin.com.br/2022/01/cuba-mostra-como-agir-contra-as-mudancas-climaticas/

41 Esse cenário distópico está associado, inclusive, ao surgimento de novas pandemias, como argumenta Andreas Malm em entrevista para a Jacobin. Em seu livro de 2020, "Corona, Climate, Chronic Emergency", Malm argumenta que apenas um "comunismo ecológico de guerra" pode agora nos livrar da catástrofe ambiental completa: jacobin.com.br/2020/10/so-um-leninismo-ecologico-pode-vencer-a-crise-climatica/

temporâneo não é a abundância que os socialistas tinham em mente. Precisamos não apenas tomar os meios de produção, mas transformá-los.

Mas também precisamos de uma visão de futuro diferente daquela que tem sido levada adiante pela esquerda mais recentemente. Nas últimas décadas o ambientalismo de esquerda tem tendido a uma posição um tanto anarquista, que desconfia da produção de larga escala e do poder concentrado (privados ou público). Não é de se surpreender – como os problemas ambientais costumam ser específicos em diferentes localidades, frequentemente despertam soluções locais de pequena escala. No entanto, as mudanças climáticas e outras crises ambientais que emergem a partir de sistemas globais de produção e consumo são questões sistêmicas de Economia Política, e lidar com elas vai exigir mais do que kits de práticas alternativas. Além disso, os problemas ambientais não respeitam fronteiras políticas: a interdependência ecológica é outro lembrete de que a sustentabilidade só virá por meio da solidariedade global.[42]

[42] Sobre visões de futuro alternativos, nas quais o planejamento democrático em larga escala jogam um papel crucial no enfrentamento do aquecimento global e outros problemas ecológicos sistêmicos, ver o artigo de Leigh Phillips e Michal Rozworski, "Planejando o bom antropoceno": jacobin.com.br/2022/04/planejando-o-bom-antropoceno/. Ver também o artigo de Peter Frase, "Por todos os meios necessários", no qual argumenta a favor da necessidade de uma visão abrangente de reconstrução ecológica, que não caia nem no tecno-utopismo dos "capitalistas verdes" nem no localismo liberal ongueiro: jacobin.com.br/2020/06/por-todos-os-meios-que-forem-necessarios/

Então, a qual futuro o socialismo do século XXI deve aspirar? Como podemos atingir uma sociedade justa sem dependermos de combustíveis fósseis ou de exacerbarmos outras formas de destruição ambiental?

Ao buscar uma resposta, os socialistas deveriam olhar para as tradições socialistas-feministas preocupadas com o trabalho que torna a vida "vivível".[43] As socialistas-feministas têm há muito chamado atenção para o serviço de reprodução social – as atividades necessárias para reabastecer trabalhadores assalariados tanto individualmente como através de gerações, tais como educação, cuidados à infância, trabalho doméstico e preparação de comida. Lutas sobre a reprodução social têm se focado em demandas e possibilidades da vida fora da fábrica, e elas possuem muito para nos ensinar sobre como organizar novas formas de se viver. Nós também precisamos valorizar o trabalho de reprodução ecológica – reconhecer que a atividade dos ecossistemas mantêm a Terra viável para a vida humana, e cuidar deles de acordo.[44]

Enquanto alguns socialistas aspiram a uma superabundância de tudo para todos, ambientalistas tendem a apontar o sobre-consumo como um culpado primário pela degradação ambiental. Mas nem todo consumo é equivalente. O capitalismo depende de insumos baratos na forma de trabalho e de recursos naturais para fazer os seus produtos baratos. Como re-

---

[43] Ver a entrevista de Nancy Fraser, "Só um radical ecossocialismo democrático pode mudar o horizonte": jacobin.com.br/2021/10/so-um-radical-ecossocialismo-democratico-pode-mudar-o-horizonte/

[44] Ver o artigo de Sabrina Fernandes, "Ecossocialismo a partir das margens": jacobin.com.br/2020/07/ecossocialismo-a-partir-das-margens/

sultado, o sistema consistentemente força para baixo tanto os custos quanto os padrões ambientais e trabalhistas. Produtos baratos não são necessariamente ruins, mas eles não deveriam vir às custas das pessoas trabalhadoras e dos ecossistemas. O objetivo de uma sociedade socialista não é reprimir o consumo popular, mas criar uma sociedade que enfatiza a qualidade de vida sobre a quantidade de coisas.

Precisamos encontrar caminhos para viver com abundância, mas também com leveza, esteticamente ao invés de asceticamente. Em lugar de um ciclo sem fim de trabalho e de compras, a vida em um futuro socialista de baixo-carbono seria orientada em torno de atividades que tornam a vida bela e completa, mas que exigem um consumo de recursos menos intensivo: ler livros, ensinar, aprender, fazer música, ver espetáculos, dançar, praticar esportes, ir ao parque, fazer caminhadas, gastar tempo com os outros.

Uma robusta provisão de bens públicos torna possível aproveitar luxos comunais ao mesmo tempo em que formas de consumo privado dispendioso são reduzidas. Isso significa moradia pública acessível para todos; sistemas de transporte extensivos e gratuitos tanto dentro das cidades como entre elas, para que as pessoas possam andar por aí sem possuir um carro; parques e jardins espaçosos que ofereçam uma pausa na vida diária; uma variedade de formas de suporte para as artes e cultura; e espaços abundantes para educação pública e uso recreativo, como bibliotecas, quadras de basquete e teatros. As cidades são muitas vezes vendidas como uma parte chave dos futuros verdes por conta de sua densidade eficiente em energia. Porém, cidades verdes exigem mais do que apenas planejamento urbano e altos edifícios. O socialismo precisa reivindicar a cidade como um espaço para a luta e a solidariedade na busca de necessidades e desejos – providenciar recursos públicos como uma maneira de emancipar e ajudar a florescer, e insistir em espaços públicos como lugares de beleza e prazer.[45]

Os capitalistas prometem que a tecnologia vai nos salvar dos problemas ambientais.[46] Soluções tecnológicas não são uma panaceia, mas também não podemos renunciar à tecnologia e deixá-la apenas para os capitalistas de risco: há muito tempo projetos socialistas utópicos têm imaginado um mundo melhor construído pela combinação de habilidades de humanos, natureza e tecnologia. E uma variedade de tecnologias atuais, desde fontes de energia limpa até biotecnologia, prometem ser parte de um futuro mais sustentável. Mas enquanto forem controladas de forma privada, produzidas apenas quando lucrativas, e acessíveis apenas para aqueles que podem pagar, seu potencial será explorado apenas se servirem aos capitalistas. Uma sociedade socialista daria suporte a pesquisas sobre problemas cujas soluções não são lucrativas e garantiria que as tecnologias resultantes fossem usadas para benefício público.

A energia, em particular, é de importância central – o uso de energia responde por metade de todas as emissões de carbono e está entrelaçado com a vida moderna em cada ponto. Tecno-

---

[45] Ver a entrevista de outro coautor do livro "Um Planeta a Conquistar", Daniel Aldana Cohen, que desenvolver a relação entre a questão ecológica e a questão urbana: jacobin.com.br/2021/03/a-emergencia-climatica-e-a-historia-do-colonialismo-e-do-capitalismo/

[46] Ver a entrevista de Paris Marx, "A tecnologia não nos salvará": jacobin.com.br/2022/05/a-tecnologia-nao-nos-salvara/

logias de energia renovável, e energia solar em particular, prometem fontes abundantes de energia limpa. Porém, enquanto a energia solar é frequentemente vendida como inerentemente de pequena-escala e democrática, companhias privadas estão também montando usinas solares gigantes, se posicionando como o conduíte para um futuro de energia limpa. Enquanto isso, a desregulação e privatização de empresas de energia elétrica na era neoliberal tem aleijado a habilidade pública de construir a nova infraestrutura interconectada que tornaria possível uma transição maior para uma energia limpa.[47] Uma sociedade socialista poderia escolher quais fontes de energia usar e quão rápido uma transição deveria ocorrer a partir do conhecimento sobre os benefícios ambientais, de saúde e as necessidades sociais, ao invés das margens de lucro. Poderíamos produzir energia limpa em larga escala e construir a infraestrutura necessária para torná-la disponível e acessível a todos.

Ao mesmo tempo, novas tecnologias não constituem em um progresso por si mesmas, apesar das falas autocongratulatórias das companhias de tecnologia. Novos equipamentos eletrônicos médicos, por exemplo, nem sempre se traduzem em melhores cuidados; iPads não se traduzem em melhor educação – de fato, o oposto é muito frequentemente o caso. Uma sociedade socialista tomaria decisões sobre produção e implementação de novas tecnologias baseada em objetivos escolhidos democraticamente, em vez de produzir e consumir

[47] Ver o artigo de Fernando Machado, "A privatização da Eletrobras é ruim para a população e péssima para a natureza": jacobin.com.br/2021/06/a-privatizacao-da-eletrobras-e-ruim-para-a-populacao-e-pessima-para-natureza/

de maneira desperdiçadora para garantir a lucratividade das indústrias. Poderíamos garantir que todos tivessem acesso a eletricidade limpa e barata, por exemplo, antes de devotar recursos para fazer brinquedos eletrônicos para os ricos.

Ainda existiriam atividades extrativistas, usinas de energia de larga-escala e fábricas industriais em um socialismo sustentável. Algumas dessas coisas serão desagradáveis de se ver; algumas vão gerar distúrbios em ecossistemas locais. Mas em vez de despejar os danos da produção moderna sobre as pessoas com menos poder para resistir a eles – tais como trabalhadores, comunidades negras e indígenas[48] – tomaremos decisões conscientes sobre quais danos nós vamos aceitar e onde e como eles deverão se materializar, priorizando as perspectivas e necessidades daqueles que têm sofrido há tempo demais. Poderíamos tratar paisagens de trabalho como mais do que áreas destruídas e reconhecer que a presença de maquinaria e indústria não precisa significar devastação. Poderíamos pagar os custos de minimização do dano ambiental ao invés de pegar atalhos para derrotar os competidores.

O capitalismo começou através do cercamento de recursos públicos e comunais para benefício privado, despossuindo seus antigos usuários. A propriedade coletiva dos meios de produção deveria incluir a propriedade coletiva da terra, dos oceanos e da atmosfera. Isso significaria não apenas compartilhar os recursos que esses espaços geram, mas decidir juntos

48 Ver o artigo de Bruno Malheiro, Carlos Walter e Fernando Michelotti, "A ofensiva espoliadora contra a Amazônia e seus povos": jacobin.com.br/2022/04/a-ofensiva-espoliadora-contra-a-amazonia-e-seus-povos/

como deveriam ser usados. Uma sociedade socialista poderia aproveitar o conhecimento científico sobre a capacidade ecológica para administrar e regular o uso daqueles espaços ao invés de ceder aos caprichos da indústria: escutar o que dizem 98% dos cientistas sobre como a mudança climática antropogênica está acontecendo, por exemplo, ao invés das mentiras de lobistas das companhias de combustíveis fósseis.

Sob o socialismo, tomaríamos decisões a respeito do uso dos recursos democraticamente, levando em consideração as necessidades humanas e valores humanos, em vez da maximização do lucro. Um socialismo ecologicamente sustentável não tem nada a ver com um um conceito idealizado, romântico, de uma natureza pristina e intocada. Trata-se de escolher o mundo que fazemos e em que vivemos, e reconhecer que compartilhamos esse mundo com outras espécies além dos humanos. Um mundo em que todo mundo possa ter uma boa vida, em vez de ficar ralando apenas para sobreviver.

Esse mundo vai precisar de florestas tanto quanto de fábricas, refúgios selvagens tanto quanto de cidades. Buscaremos prover as pessoas de bons empregos, mas também trabalharemos menos; pensaremos sobre quais trabalhos realmente precisam ser feitos ao invés de criar trabalhos apenas para manter as pessoas empregadas. Poderemos escolher manter alguns espaços livres de uso humano, proteger espaços para a vida selvagem, e também para tornar possível para as pessoas escapar da vida nas cidades e passar um tempo em ecossistemas restaurados. O objetivo será produzir o bastante para que todo mundo possa ter vidas ricas e completas, e não se matar para fazer parte da pequena minoria capaz de acumular riquezas privadas.

Com nossas necessidades satisfeitas, poderemos, sem pressa, realizar todo o potencial humano no contexto de relações sociais gratificantes com outros humanos e outras espécies, com o bastante para todos e tempo livre para o que desejarmos.[49]

[49] A quarta edição impressa da Jacobin Brasil, intitulada "Ecologia e Luta de Classes", é inteiramente dedicada à questão ambiental, com ênfase na Amazônia brasileira. Ver o editorial de Aline Klein, "A Natureza da Luta": jacobin.com.br/2022/05/a-natureza-da-luta/

Os socialistas são pacifistas? Mas algumas guerras não são justificadas?

por Jonah Birch

Os socialistas querem erradicar as guerras porque elas são brutais e irracionais. No entanto, pensamos que existe uma diferença entre a violência dos oprimidos e a dos opressores.

Em junho de 1918, Eugene Debs[50] fez um discurso que o colocaria na prisão. Falando em Canton, Ohio, o líder do Partido Socialista dos EUA denunciou o presidente Woodrow Wilson e a Primeira Guerra Mundial para a qual ele levava o país.[51]

Para Debs, a matança em massa que havia assolado toda a Europa por quatro anos sangrentos era um conflito iniciado em favor dos interesses dos capitalistas, mas eram trabalhado-

[50] Ver o obituário que o comunista peruano José Carlos Mariátegui escreveu em homenagem ao sindicalista e fundador do Partido Socialista dos Estados Unidos, Eugene Debs, "Eugene Debs, o socialista norte-americano que lutava pela paz": jacobin.com.br/2021/10/eugene-debs-o-socialista-norte-americano-que-lutava-pela-paz/

[51] Ver artigo de Chip Gibbons, "A liberdade de expressão e a posição anti-guerra são valores da esquerda": jacobin.com.br/2020/01/a-liberdade-de-expressao-e-a-posicao-anti-guerra-sao-valores-da-esquerda/

res que se sacrificavam. Em cada país, era o rico quem havia declarado guerra, e lucrado com ela; mas eram os pobres que eram enviados para lutar e morrer aos milhões.

Era, Debs declarava à sua audiência, a velha história de sempre desde que os exércitos têm sido enviados para batalharem uns contra os outros em nome de reis e reinos. "As guerras através da história têm sido travadas para a conquista e pilhagem," ele disse. "A classe dominante tem sempre declarado as guerras; a classe dominada tem sempre lutado as batalhas. A classe dominante tem tudo a ganhar e nada a perder, enquanto a classe dominada não tem nada a ganhar e tudo a perder: suas vidas."

A mensagem de Debs aos trabalhadores era simples: seus inimigos não eram as pessoas da Alemanha, os soldados da classe trabalhadora que eles estavam sendo enviados para assassinar; eram os dominadores, em ambos os lados, que ordenaram suas tropas rumo a batalha. Os verdadeiros inimigos eram os capitalistas, e seus representantes nos governos, cuja riqueza e poder lhes dava controle sobre os destinos de milhões.

O discurso de Debs foi demais para as autoridades – o prenderam, sob a nova lei de restrição da liberdade de expressão, o Ato de Espionagem de 1917, e o sentenciaram a dez anos de prisão. Notoriamente, nas eleições de 1920, Debs concorreu para presidente na cédula socialista enquanto permanecia em uma penitenciária federal em Atlanta, e ainda conseguiu conquistar quase 1 milhão de votos.

Tornando o mundo seguro para o capitalismo

No exemplo de Debs, podemos enxergar as principais ideias que têm sustentado a abordagem do movimento socialista para a questão da guerra. Os socialistas têm sempre visto a propensão do capitalismo para guerras de conquista e pilhagem como a expressão definitiva da brutalidade do sistema. Na organização da violência de Estado em uma escala sem precedentes, nós enxergamos a tendência do capitalismo de subordinar as necessidades humanas à lógica do lucro e do poder. No intervalo entre a promessa de igualdade democrática e a realidade da opressão de classe que a guerra expressa, nós enxergamos a injustiça fundamental que define nossa ordem social.

Sob o capitalismo, a exploração ocorre na maior parte do tempo por meio do mercado. É a relação contratual ostensivamente não-coercitiva entre trabalhadores e empregadores que mascara as desigualdades de classe mais profundas subjacentes. No entanto, o poder de fazer a guerra dos Estados capitalistas ainda é essencial para o funcionamento saudável do sistema. Os capitalistas em países como os Estados Unidos ainda dependem dos militares de seus próprios governos, tanto para fazer cumprir "as regras do jogo" na economia global quanto para ajudá-los a competir mais eficientemente contra outras classes dirigentes.

Contra esse estado de coisas, os socialistas apoiam a organização de movimentos de massa contra as guerras travadas por nossos governos. Estamos engajados na luta contra restrições à liberdade de expressão e outros direitos democráticos que inevitavelmente acompanham essas guerras. Contra os chamados por "unidade nacional", lutamos por solidariedade internacional e por mais força para a organização de classe para lutar pelos interesses dos trabalhadores. No longo prazo, esperamos traduzir estes movimentos em uma luta mais ampla por uma transformação radical da sociedade ao longo de linhas democráticas.

Em nenhum lugar essa abordagem é mais importante do que nos Estados Unidos – o mais poderoso país capitalista do mundo. Hoje, os EUA gastam mais com seus militares do que os próximos sete países que mais gastam nisso combinados. Seu governo tem cerca de 800 bases militares em outros países. Soldados estadunidenses ou tropas aliadas estão presentes em cada região do globo.[52]

No último século e meio, o Estado estadunidense tem travado guerras brutais em nome de um império crescente, desde a Guerra Hispano-Americana de 1898 até as recentes invasões do Afeganistão e do Iraque, com repetidas intervenções na África, Ásia e América Latina para proteger os interesses de suas grandes empresas e para esmagar os movimentos que pudessem ameaçar seu controle sobre recursos-chave, ou que pudessem minar a estabilidade do sistema global capitalista.

Frequentemente essas aventuras foram descritas como sendo necessárias para trazer liberdade e democracia para países oprimidos, ou para proteger cidadãos americanos do perigo. O registro histórico, entretanto, conta uma história diferente.

---

[52] Ver o artigo de Sarah Lazare, "As bases militares dos EUA estimulam intermináveis guerras e intervenções": jacobin.com.br/2020/10/as-bases-militares-dos-eua-estimulam-interminaveis-guerras-e-intervencoes/

Mesmo na época da Guerra Hispano-Americana de 1898, considerada por muitos como sendo a alvorada do imperialismo estadunidense moderno, o governo estadunidense estava invadindo Cuba, Porto Rico e as Filipinas em nome da libertação de seus povos do jugo do colonialismo espanhol. Quando, depois da vitória ter sido assegurada, Washington decidiu fazer daqueles três territórios protetorados estadunidenses (ou, no caso de Porto Rico, uma colônia por completo), eles garantiram que tinham apenas as intenções mais benevolentes. E quando os residentes desses países levaram essas promessas de liberdade e democracia muito literalmente, os Estados Unidos decidiram que não tinham escolha além de esmagar as lutas por independência que emergiram. Nas Filipinas, uma insurreição nacionalista que irrompeu em 1899 foi suprimida às custas de várias centenas de milhares de vidas filipinas.

Em cada guerra desde aquela época o padrão tem sido o mesmo. O governo estadunidense entrou na Primeira Guerra Mundial em 1917 (depois que Wilson venceu as eleições de 1916 na base de suas promessas anti-guerra) para "tornar o mundo seguro para a democracia," enquanto enviava *marines* por toda a América Latina na defesa dos interesses econômicos e políticos do capital. Lutou a Segunda Guerra Mundial para "livrar o mundo da tirania," mas gastou os anos do pós-guerra manipulando eleições na Itália, patrocinando uma perversa guerra civil na Grécia e dando apoio ao xá do Irã. Enviou milhões para o túmulo na Coréia e no Sudeste Asiático para "salvar" as pessoas de lá do comunismo, enquanto instalava ditaduras brutais tanto no Vietnã do Sul quanto na Coreia do Sul. Enquanto isso, os decisores políticos dos EUA secretamente organizavam a derrubada de governos populares e democráticos por todo o mundo – desde Mohammad Mosaddegh no Irã, passando por Patrice Lumumba no Congo,[53] João Goulart no Brasil e Salvador Allende no Chile.

Para justificar estas campanhas, os oficiais norte-americanos têm muitas vezes recorrido a um racismo perverso. O General William Westmoreland uma vez justificou a brutalidade das forças que ele liderava no Vietnã dizendo que "os orientais não colocam o mesmo valor na vida como faz um ocidental... Nós valorizamos a vida e a dignidade humana. Eles não se importam com a vida e a dignidade humana."

A cada turno o governo estadunidense tem mostrado que seu declarado compromisso com a democracia e a liberdade no estrangeiro é tão superficial quanto o seu compromisso com a igualdade em casa. Vez após outra, tem provado que seu temor pelo controle democrático sobre os recursos do mundo fala mais alto que sua retórica pró-democracia. Como disse Henry Kissinger, que serviu como consultor em políticas estrangeiras a três presidentes, sobre os esforços da administração de Nixon para fazer tombar o governo socialista eleito no Chile, "não vejo por que nós devemos ficar parados e assistir um país se tornar comunista devido a irresponsabilidade de seu próprio povo." O mesmo se deu nos anos 80 nas tentativas de minar

[53] Ver o artigo de Georges Nzongola-Ntalaja E Sa'eed Husaini, "Por que mataram Patrice Lumumba?": jacobin.com.br/2020/04/por-que-mataram-patrice-lumumba/

os governos de esquerda na pequena Nicarágua[54] e na menor ainda Granada.[55]

Mais recentemente, esse padrão tem se repetido no Oriente Médio – agora o campo de batalha central para os EUA e seus competidores imperiais, por causa de seu papel como o centro da produção global de petróleo.

Se as guerras no Iraque e no Afeganistão foram inicialmente justificadas como necessárias para defender vidas estadunidenses, destruir a Al-Qaeda, e erradicar o terrorismo, nenhum desses objetivos foram atingidos, e tampouco resultaram em governos democráticos em qualquer um desses países. Ao contrário, as centenas de milhares de vidas perdidas nestas guerras apenas desestabilizaram a região e intensificaram as divisões sectárias. Ao invés de dar suporte a movimentos democráticos, os EUA têm apoiado regimes ditatoriais no Egito e no Bahrein, e ajudado a fortalecer as monarquias mais cruéis e reacionárias da Arábia Saudita e dos Emirados Árabes Unidos.

Os Estados Unidos têm também permitido que Israel escale sua violência diária (com ataques de matança em massa semi-regulares em Gaza), ocupação e expansão de assentamentos

---

[54] Ver a entrevista de Jeffrey Gould, sobre a revolução na Nicarágua, "Como os sandinistas fizeram a última revolução do século XX": jacobin.com.br/2021/11/como-os-sandinistas-fizeram-a-ultima-revolucao-do-seculo-xx/

[55] Ver artigo de Brian Meeks sobre a revolução em Granada liderada por Maurice Bishop e a invasão norte-americana que pôs fim a ela, "Como uma revolução na pequena ilha de Granada abalou o mundo": jacobin.com.br/2021/05/como-uma-revolucao-na-pequena-ilha-de-granada-abalou-o-mundo/

às custas dos palestinos.[56] E têm assistido enquanto os lados em enfrentamento na guerra civil síria têm dirigido um massacre que afogou as lutas sírias por democracia no sangue de centenas de milhares de seus cidadãos.

Dados o escopo e a escala da violência imperial dos Estados Unidos, é crucial que os socialistas nos Estados Unidos se oponham às intervenções militares de seu governo. Tal posição é necessária para qualquer solidariedade genuína da classe trabalhadora. Toda vez que o governo dos EUA explode uma festa de casamento afegã ou ajuda a proteger um esquadrão da morte no Iraque; toda vez que ele envia alguém para apodrecer em uma prisão no Afeganistão ou na Baía de Guantánamo; toda vez que ele permite que a CIA torture um prisioneiro; torna mais remota a solidariedade de classe através das fronteiras.

Por que os trabalhadores em outros países deveriam se aliar àqueles nos EUA, em nome de quem eles são bombardeados e ocupados? Na medida em que os estadunidenses compram o nacionalismo que inevitavelmente segue as maquinações estrangeiras de seu governo, tornam a emergência de um movimento de classe contra a opressão e a exploração impossível.

Enquanto isso, a posição dos trabalhadores estadunidenses apenas se deteriora ainda mais. Quando centenas de bilhões

---

[56] O recente assassinato da jornalista Shireen Abu Akleh, e a chocante repressão das forças israelenses durante seu funeral, expõem a brutal realidade dos palestinos para o mundo. Sobre isso, ver o artigo de Ben Jamal, "A Nakba nunca acabou": jacobin.com.br/2022/05/a-nakba-nunca-acabou/. Ver também o artigo de Ilan Pappe, "Não, Israel não é uma democracia": jacobin.com.br/2022/06/nao-israel-nao-e-uma-democracia/

de dólares são gastos atacando países ao redor do globo, não estão disponíveis para programas de Bem-Estar Social que poderiam ajudar aqueles em casa. O desperdício de sangue e recursos, o racismo, e os levantes reacionários que acompanham as guerras no estrangeiro ricocheteiam contra os trabalhadores nos EUA. Em uma época em que milhões nos Estados Unidos sofrem com o desemprego e a pobreza, os mais de $2 trilhões gastos na invasão e ocupação do Iraque parecem cada vez mais obscenos.

Tudo isso significa que o movimento trabalhista dos Estados Unidos tem um incentivo material para se opor aos desejos de guerra de seu próprio governo. É por esta razão que os socialistas pensam que um movimento internacional da classe trabalhadora contra a guerra e o imperialismo não é apenas necessário, mas também possível.

O inimigo em casa

Contudo, se os socialistas em um país como os EUA se opõem às guerras travadas por seus governos, isso não significa que sejam pacifistas – ou seja, que se oponham a toda e qualquer guerra, ou tenham uma posição de princípios contra qualquer tipo de violência. A questão é quem está travando a guerra, e em nome de quais interesses e políticas.

Como o teórico militar do século XIX Carl von Clausewitz disse, "a guerra é a continuação da política por outros meios." Clausewitz queria dizer que para entender o caráter de uma dada guerra, é preciso entender quem está lutando e por quais propósitos. É claro, Clausewitz, um general prussiano nas guerras napoleônicas, não era exatamente um radical de esquerda, mas é importante que os socialistas compreendam seu ponto básico.

Uma pessoa não pode, por exemplo, misturar a violência do *apartheid* sul-africano com aquela dos elementos armados do Congresso Nacional Africano de Nelson Mandela. O mesmo vale para a violência dos militares estadunidenses na Guerra do Vietnã – uma guerra que matou 3,5 milhões de pessoas – e aquela da Frente de Libertação Nacional Vietnamita, que lutava para libertar o Vietnã da dominação imperialista.

O movimento socialista quer erradicar a guerra porque ela é brutal e irracional – um desperdício de vida humana e de recursos sociais, que produz uma devastação enorme. No entanto, em um mundo cheio de exploração e opressão, é preciso diferenciar entre a violência daqueles que lutam para manter a injustiça e a daqueles que lutam contra a injustiça.

Para o movimento socialista, a máxima de Clausewitz aponta para a necessidade de avaliar qualquer guerra na base dos interesses aos quais ela serve. Não é coincidência que socialistas como Marx e Engels tenham apoiado a União na Guerra Civil estadunidense, reconhecendo que apesar da fala de Lincoln de que sua intenção era reunir o país sem acabar com a escravidão, uma guerra contra os Confederados se tornaria necessariamente uma guerra contra a classe dos proprietários das *plantations*. De fato, como veio a reconhecer Lincoln – que nos anos 1840 se opôs à Guerra Mexicana-Estadunidense por que a via como um esforço para expandir a escravidão para novos territórios – o Norte só poderia ter sucesso mobilizando os escravos em uma batalha pela sua própria liberdade.

Nada disso deve sugerir que os socialistas possuam uma abordagem puramente instrumental em relação à violência – ou que pensemos, como tão comumente somos acusados, que "os fins justificam os meios." Em nossos esforços para atingir o tipo de mudança que buscamos, a violência só pode minar a nossa causa no longo prazo; nunca teremos como competir com a capacidade para a violência do Estado capitalista moderno, e se a luta pelo socialismo for transformada de um conflito social e político em um conflito militar, nosso movimento somente será enfraquecido.

É importante deixar claro que nosso apoio aos grupos que lutam contra sua opressão, seja ela nas mãos do governo dos EUA ou de qualquer outro, não significa que seremos sempre acríticos com essas forças. Alguém precisa apenas olhar para os níveis crescentes de desigualdade e a penetração cada vez maior do capitalismo global na África do Sul desde a queda do *apartheid*, ou no Vietnã desde a libertação, para ver que mesmo lutas vitoriosas não precisam produzir um resultado realmente justo. De fato, ao mesmo tempo em que expressam solidariedade com movimentos que desafiam a opressão, os socialistas precisam estar dispostos a criticar aqueles que travam estas lutas, sempre que necessário – seja esta crítica feita em termos políticos, estratégicos ou mesmo morais.

No entanto, também não tratamos todos os lados em um conflito particular como se fossem equivalentes. Antes de mais nada, nos opomos ao papel de nosso próprio governo na propagação de guerras, ou na expansão de sua influência militar e política, às custas das classes trabalhadoras do mundo. Como o revolucionário alemão Karl Liebknecht colocou em seu discurso durante a Primeira Guerra Mundial, entendemos que "o principal inimigo está em casa."

Sobre esta base, pretendemos forjar um movimento internacional que possa não apenas desafiar uma intervenção imperialista específica, mas que possa representar uma ameaça às próprias fundações de um sistema que cria guerra e violência de massa numa escala sem precedentes na história.

Além do imperialismo

Hoje, a esquerda nos Estados Unidos é fraca demais para atingir esse objetivo. O movimento sindical carece de capacidade para atividade sustentada contra a guerra; mas o que o exemplo de Eugene Debs nos mostra é que existe uma longa história de oposição radical ao imperialismo, à qual podemos recorrer em busca de esperança e inspiração.

A tradição anti-imperialista de esquerda sobreviveu depois da morte de Debs. Se ela perdeu força durante os anos de Guerra Fria de repressão macartista após a Segunda Guerra Mundial, reviveu durante os anos 60 e 70. Figuras como Martin Luther King Jr. se tornaram vozes cada vez mais críticas da Guerra do Vietnã. Mesmo que ele seja frequentemente pintado como um moralista anódino, um precursor para o liberalismo multicultural, King foi na verdade um visionário cuja política se tornou cada vez mais radical em conjunto com o movimento que ele liderava.[57] Nada expressou melhor esse

---

[57] Ver o artigo de Alex Gourevitch, "Quando Martin Luther King era perigoso": jacobin.com.br/2020/08/quando-martin-luther-

radicalismo crescente do que sua decisão de se opor publicamente à Guerra do Vietnã – um movimento que mesmo seus conselheiros mais próximos recomendaram que ele não fizesse, por causa de suas potenciais consequências políticas.

Ignorando esses conselhos, em 4 de abril de 1967, exatamente um ano antes de seu assassinato, King proferiu o discurso mais controverso de sua carreira. Falando para a Igreja Riverside de Nova Iorque, se declarou contra a Guerra do Vietnã e cobrou a administração de Johnson para que parasse sua campanha de bombardeio sem precedentes e iniciasse a retirada do meio milhão de tropas no Sudeste Asiático.

Denunciando a "loucura" da política da administração democrata, King se focou na incrível brutalidade que as pessoas comuns no Vietnã encaravam nas mãos dos militares invasores. "Eles devem ver os americanos como estranhos libertadores," concluiu, quando essa suposta libertação envolvia apoiar governos corruptos e anti-democráticos, destruir vilas inteiras, desflorestar as matas com napalm e agente laranja, e matar mulheres, crianças e idosos.

Uma estimativa conservadora das mortes civis geradas pela guerra é de 2 milhões, apenas entre sul-vietnamitas, de uma população de 19 milhões. Uma taxa análoga de baixas civis nos Estados Unidos hoje seria próxima de 33 milhões.

E quanto aos soldados estadunidenses, na maioria esmagadora das vezes jovens tirados de comunidades rurais indigentes e guetos urbanos segregados? Notando o número desproporcional de afro-estadunidenses que haviam sido enviados para

---

-king-era-perigoso/

matar e morrer nas selvas do Vietnã, King castigava a administração por "tirar os jovens negros que tinham sido acorrentados pela nossa sociedade e os enviar 8000 milhas para longe, para garantir liberdades no Sudeste Asiático que eles não haviam encontrado em Georgia ou no Harlem Leste."

King apontou que as esperanças de um esforço real para combater a pobreza nos EUA, inspiradas pelo programa da "Grande Sociedade" de Johnson, haviam sido dizimadas pela escalada militar no Vietnã. Uma campanha genuína para erradicar a pobreza em casa seria impossível "enquanto as aventuras como no Vietnã continuarem a sugar homens, talentos e dinheiro como um demoníaco canudo de destruição."

Dado tudo isso, King disse que não poderia mais ficar em silêncio, apesar da forte pressão de seus supostos aliados na administração Johnson para que evitasse a crítica pública da política do governo para o Vietnã. Comparando a escala terrível de violência no Vietnã com a relativamente pequena destruição causada por uma série de revoltas que estouraram em várias grandes cidades dos EUA – que haviam causado muita gritaria na mídia sobre a ameaça representada por "extremistas negros" – King descreveu sua percepção de "que eu não poderia nunca mais levantar minha voz contra a violência dos oprimidos nos guetos sem ter primeiro falado claramente do maior fornecedor de violência no mundo hoje: meu próprio governo." Alguns dias depois, Dr. King marchou em um protesto de massa contra a guerra no Central Park, em Nova Iorque.

O discurso de King, que ficou conhecido como "Além do Vietnã," fez com que ele se tornasse alvo da ira mesmo de figuras antes simpáticas a ele no *establishment* progressista. Chegou a ser desconvidado de uma visita planejada com Johnson na Casa Branca. Um dos conselheiros do presidente escreveu privadamente que King havia "lançado sua sorte junto com os 'vermelhos'". Foi atacado em editoriais que apareceram no dia seguinte nos 168 jornais de maior circulação. O *New York Times* escreveu que sua denúncia da guerra era "um desperdício e auto-destrutiva." O *Washington Post* foi além, afirmando que King "diminuiu sua utilidade para sua causa, seu país e seu povo."

O que King enfim havia entendido[58] era que o racismo e a desigualdade dentro do país, e a guerra no exterior, estavam interligados. Este reconhecimento o colocou em desacordo com seus antigos apoiadores progressistas, cuja vontade de desafiar o *status quo* ia só até – como é tão comum para o *establishment* progressista – a posição dos EUA como o maior poder imperial mundial ser colocada em questão.

Ao confrontar estas questões e desafiar seus antigos amigos, King estava lidando com um conjunto de problemas que qualquer movimento social de massa que faça sérios avanços nos EUA vai ter de encarar, uma hora ou outra: não se pode falar sobre mudança social em seu país ao mesmo tempo em que se ignora a carnificina gerada pela política externa imperialista. Para a esquerda dos EUA, e especialmente para qualquer futuro movimento socialista, essa é uma lição a ser aprendida.

58 "The Evolution of Dr. King", Lee Sustar – Jacobin – www.jacobinmag.com/2016/01/martin-luther-king-socialist/

Por que os socialistas falam tanto sobre trabalhadores?

por Vivek Chibber

Os trabalhadores estão no coração do sistema capitalista. É por isso que eles estão no centro da política socialista.

A maioria das pessoas sabe que os socialistas colocam a classe trabalhadora no centro de sua visão política. Mas por quê, exatamente? Quando faço essa pergunta a estudantes ou mesmo para militantes, recebo toda uma variedade de respostas, mas a mais comum é moral – os socialistas acreditam que os trabalhadores sofrem demais no capitalismo, tornando seus infortúnios a questão mais importante a se focar.

É verdade, claro, que os trabalhadores encaram todo tipo de indignidades e privações materiais, e qualquer movimento por justiça social tem de tomar isso como uma questão central. Mas se isso fosse tudo, se essa fosse a única razão pela deveríamos nos focar em classes, o argumento desmorona muito facilmente. Afinal, há muitos grupos que sofrem indignidades e injustiças – minorias raciais, mulheres e pessoas com deficiência. Por que falar separadamente de trabalhadores? Por que não dizer apenas que todos os grupos marginais e oprimidos têm de estar no coração da estratégia socialista?

A razão para se focar nas classes vai além do argumento moral. Os socialistas acreditam que a organização da classe tem de estar no centro de uma estratégia política viável fundamentalmente por dois fatores práticos: um diagnóstico sobre quais são as fontes das injustiças na sociedade moderna, e um prognóstico de quais são as melhores alavancas para mudança numa direção mais progressista.

O capitalismo não vai dar conta

Existem muitas coisas que as pessoas precisam para terem vidas decentes, mas dois itens são absolutamente essenciais. O primeiro é alguma garantia de segurança material – coisas como ter uma renda, moradia, e cuidados de saúde básicos. O segundo é ser livre de dominação social – se você está sob o controle de outras pessoas, se elas tomam muitas das decisões principais por você, então você está constantemente vulnerável ao abuso. Em uma sociedade onde a maioria das pessoas não tem segurança no emprego, ou onde elas têm empregos mas não conseguem pagar suas contas; ou têm de se submeter ao controle de outras pessoas; ou não têm voz na elaboração das as leis e regulações – é impossível atingir justiça social.

O capitalismo é um sistema econômico que, para continuar existindo, depende de que a vasta maioria das pessoas seja privada dessas precondições essenciais para uma vida decente. Os trabalhadores aparecem para trabalhar todos os dias sabendo que possuem pouca segurança no emprego; que recebem aquilo que os empregadores acharem que é consistente com a sua prioridade principal, a obtenção de lucros, e não o bem-estar de seus empregados; que trabalham em um ritmo e duração definido pelos seus chefes; e que se submetem a estas condições, não porque porque assim desejam, mas porque para a maioria a única alternativa disponível seria simplesmente não ter emprego nenhum. Não se trata de um aspecto acidental ou menor do capitalismo. É a característica definidora do sistema.

O poder econômico e político está nas mãos dos capitalistas, cujo único objetivo é maximizar os lucros, o que significa que a condição dos trabalhadores é, na melhor das hipóteses, uma preocupação secundária. E isso significa que o sistema é, em seu próprio núcleo, injusto.[59]

Segurando a alavanca

Disso segue que o primeiro passo para tornar a nossa sociedade mais humana e justa é a redução da insegurança e da privação material nas vidas de tantas pessoas, e a ampliação das possibilidades de autodeterminação. No entanto, imediatamente damos de cara com um problema – a resistência política das elites.

O poder não está distribuído igualmente no capitalismo. São os capitalistas – e não os trabalhadores – que decidem quem é contratado e despedido, quem trabalha e por quanto tempo. Os capitalistas também possuem o maior poder político, por que podem fazer coisas como *lobby*, financiar campanhas políticas, e dar suporte financeiro para partidos

---

[59] Ver o artigo de Hadas Thier, "Por que o capitalismo nunca será um bom negócio para os trabalhadores": jacobin.com.br/2020/10/por-que-o-capitalismo-nunca-sera-um-bom-negocio-para-os-trabalhadores/

políticos. E como eles são aqueles que se beneficiam do sistema, por que iriam encorajar mudanças que inevitavelmente significariam uma diminuição em seu poder e em sua conta bancária? A resposta é que os capitalistas não encaram desafios ao seu poder de maneira gentil, e fazem seu melhor para manter o *status quo*.

Movimentos por reformas progressistas têm descoberto, vez após outra, que sempre que tentam pressionar por mudanças numa direção de mais justiça acabam se confrontando com o poder do capital. Quaisquer reformas que exijam uma redistribuição de renda, ou que demandem do governo medidas sociais – seja em cuidados de saúde, regulações ambientais, salário mínimo ou programas de emprego – rotineiramente enfrentam a oposição dos ricos, pois quaisquer dessas medidas inevitavelmente significa uma redução em sua renda (na forma de impostos) ou em seus lucros. O que isso significa é que esforços por reformas progressistas precisam encontrar uma fonte de alavancagem, uma fonte de poder, que permita superar a resistência da classe capitalista e seus serviçais políticos.

A classe trabalhadora possui esse poder, por uma razão simples: os capitalistas só podem obter lucro se os trabalhadores aparecerem para trabalhar todos os dias, e se eles se recusam a colaborar, os lucros secam da noite para o dia – e se tem uma coisa que capta a atenção dos patrões, é quando o dinheiro deixa de fluir.

Ações coletivas como greves têm não apenas o potencial de colocar capitalistas específicos de joelhos, mas podem também ter um impacto muito além, repercutindo em ondas sobre outras instituições que dependem deles diretamente ou indiretamente – incluindo o governo. Esta habilidade de travar o sistema inteiro, apenas pela recusa a trabalhar, dá aos trabalhadores um tipo de alavanca que nenhum outro grupo na sociedade possui, exceto os próprios capitalistas. É por isso que, se mudanças sociais progressistas exigem superar a oposição da classe capitalista – e nós já aprendemos nos últimos três séculos que é inevitavelmente assim – então é de importância central organizar os trabalhadores para que eles possam usar esse poder.[60]

Os trabalhadores[61] são, portanto, não apenas um grupo social sistematicamente oprimido e explorado na sociedade moderna: são também o grupo que está melhor posicionado para gerar mudanças reais e extrair concessões do maior centro de poder – os banqueiros e industriais que controlam o sistema. A classe trabalhadora é o grupo que entra em contato com as engrenagens da produção capitalista todos os dias, e está engajada em um conflito eterno com os capitalistas, não por uma vontade subjetiva, mas como parte de sua própria existência. Os trabalhadores precisam enfrentar o capital se quiserem melhorar coletivamente de vida. Não há força social mais lógica para se organizar um movimento de massas ao redor.

Não se trata apenas de uma teoria. Se olharmos para trás, para as condições em que reformas progressistas de longo alcance foram conquistadas nos últimos cem anos, reformas

---

60 Ver o artigo de Matt Vidal, "Os trabalhadores são os 'coveiros' do capitalismo?": jacobin.com.br/2019/11/os-trabalhadores-sao-os-coveiros-do-capitalismo/

61 Ver a entrevista do sociólogo marxista Erik Olin Wright, "Por que 'classe' ainda é importante": jacobin.com.br/2019/08/porque-a-classe-ainda-e-importante/

que melhoraram as condições materiais dos mais pobres, ou que deram a eles mais direitos contra o mercado, invariavelmente foram baseadas na mobilização da classe trabalhadora. Isso é verdade não apenas para medidas econômicas de caráter universal, como o desenvolvimento do Estado de Bem-Estar Social, mas mesmo para as conquistas dos movimentos pelos direitos civis e as lutas para a expansão do sufrágio.

Qualquer movimento que estende benefícios para os pobres, sejam eles negros ou brancos, homens ou mulheres, teve que se basear em uma mobilização de massas de pessoas trabalhadoras. Isso foi tão verdade na Europa e nos Estados Unidos quanto no Sul Global.

É este poder para extrair concessões reais do capital que torna a classe trabalhadora tão importante para a estratégia política. É claro, o fato de que os trabalhadores também formam a maioria da população em cada sociedade capitalista, e que são sistematicamente explorados, apenas torna os seus apuros ainda mais urgentes. Esta combinação de urgência moral e força estratégica é o porquê da política socialista se basear na classe trabalhadora.

O socialismo vai ser chato?

por Danny Katch

Queremos o socialismo não para induzir uma branda mediocridade, e sim para libertar o potencial criativo de todos.

O ano era 2081, e todos finalmente se tornaram idênticos. Não eram idênticos apenas diante de Deus e da lei, eram idênticos de todas as maneiras possíveis. Ninguém era mais inteligente que os outros; ninguém era mais atraente que os outros; ninguém era mais forte ou mais rápido que os outros. Toda essa igualdade se devia à 211ª, 212ª e 213ª Emendas à Constituição, e à incessante vigilância dos agentes do Comitê de Compensação de Desvantagens.

Esta não é a minha versão de 2081, mas a de Kurt Vonnegut nas primeiras linhas de "Harrison Bergeron" , um conto sobre um futuro em que todos são idênticos. Pessoas atraentes são forçadas a usar máscaras, pessoas inteligentes usam fones nos ouvidos que regularmente distraem seus pensamentos com barulhos altos, e assim por diante.

Como seria de se esperar com Vonnegut, existem alguns momentos sombriamente hilários – como em uma performance de balé em que os dançarinos são contidos com pesos nas pernas – mas diferente da maioria de suas narrativas, "Harrison Bergeron" é baseado em uma premissa reacionária:

a Igualdade só poderia ser alcançada reduzindo os mais talentosos até as posições medíocres das massas.

O socialismo tem sido frequentemente retratado na ficção científica nesses termos de distopia cinzenta, que refletem a ambivalência que muitos artistas sentem em relação ao capitalismo. Os artistas frequentemente sentem repulsa pelos valores anti-humanos e pela cultura comercializada da sociedade capitalista, mas também estão cientes de que possuem um *status* único dentro dela que permite a eles expressar sua individualidade criativa – contanto que isso venda. Temem então que o socialismo os privaria desse *status* e os reduziria ao nível de meros trabalhadores, por incapacidade de imaginar um mundo que valorize e encoraje a expressão artística de todas as pessoas.

É claro que há outra razão para que as sociedades socialistas sejam imaginadas como sombrias e monótonas: a maioria das sociedades que se denominaram socialistas eram sombrias e monótonas. Pouco depois dos levantes no Leste Europeu que selaram a derrocada da cortina de ferro, os Rolling Stones fizeram um show lendário em Praga, no qual foram saudados como heróis culturais.

O problema é que estamos falando de 1990, Mick e Keith já eram quase cinquentões, e fazia anos desde seu hit mais recente, uma música chamada "Harlem Shuffle", que era simplesmente horrível. Esqueça os livros censurados e as proibições de manifestações: se você quer entender quão tediosos eram aqueles regimes, assista ao vídeo de "Harlem Shuffle" e então pense em uma das cidades mais frias da Europa perdendo a cabeça de alegria com a chance de ver aqueles caras.

Mas será que realmente importa se o socialismo for chato? Talvez pareça bobo, até mesmo ofensivo, se preocupar com uma questão tão trivial em comparação com os horrores que o capitalismo inflige o tempo todo. Pense nos perigos de furacões e incêndios cada vez maiores causados por mudanças climáticas, no trauma de perder seu lar ou seu emprego. Gostamos de assistir filmes sobre o fim do mundo ou sobre pessoas enfrentando adversidades, mas em nossas vidas reais a maioria de nós prefere previsibilidade e rotina.

A preocupação de que o socialismo possa ser tedioso pode parecer o perfeito "problema de gente branca" ou "problema de primeiro mundo", como a Internet gosta de dizer. Claro que seria legal acabar com a pobreza, guerra e racismo... "mas e se eu ficar entediado?"

Mas importa sim, claro, porque nós não queremos viver em uma sociedade sem criatividade e excitação, e também por que se essas coisas estiverem sendo bloqueadas, então deve existir algum grupo ou classe no poder realizando esse bloqueio – mesmo que eles pensem que isso seria para o nosso próprio bem. Por último, se o socialismo for banal e estático, nunca será capaz de substituir o capitalismo, que pode ser apropriadamente chamado de muitos nomes desagradáveis, mas "tedioso" não é um deles.

O capitalismo revolucionou o mundo muitas vezes nos últimos duzentos anos e mudou como pensamos, nos parecemos, comunicamos, e trabalhamos. Para ficar só nas últimas décadas, o sistema se adaptou rapidamente e efetivamente à onda global de protestos e greves nos anos 60 e 70: fábricas sindicalizadas foram fechadas e realocadas para outros cantos do mundo; o papel declarado do governo passou de "ajudar as pessoas" para "ajudar a iniciativa privada a ajudar pessoas"; e finalmente todas essas mudanças e outras foram vendidas para nós como se fossem exatamente aquilo pelo qual aqueles manifestantes estavam lutando o tempo todo – um mundo em que todo homem, mulher e criança tenham direitos iguais de comprar tantos *smartphones* e jeans rasgados quanto queiram.

O capitalismo é capaz de se reinventar muito mais rápido que qualquer ordem econômica anterior. "A conservação inalterada do antigo modo de produção era," escreveram Marx e Engels no Manifesto Comunista, é "a primeira condição de existência de todas as classes industriais anteriores. Essa subversão contínua da produção, esse abalo constante de todo o sistema social, essa agitação permanente e essa falta de segurança distinguem a época burguesa de todas as precedentes."[62] Enquanto sociedades de classe do passado tentavam desesperadamente manter o *status quo*, o capitalismo prosperava em derrubá-lo.

O resultado é um mundo em constante movimento. O distrito industrial de ontem é a favela de hoje e o bairro hipster de amanhã. Tudo o que é sólido se desmancha no ar. Essa é outra linha do Manifesto e também o nome de um livro maravilhoso de Marshall Berman, que escreve que viver no capitalismo moderno é "se encontrar em um ambiente que nos promete aventura, poder, alegria, crescimento, transformação de nós mesmos e do mundo – e ao mesmo tempo, que ameaça destruir tudo o que temos, tudo o que sabemos, tudo o que somos."

---

62 O Manifesto do Partido Comunista – Karl Marx e Friedrich Engels: jacobin.com.br/2021/02/manifesto-comunista/

Ainda assim, a maior parte das nossas vidas passa longe de ser excitante. Trabalhamos para chefes que querem que sejamos máquinas sem cérebro. Mesmo quando uma nova invenção legal chega ao nosso ambiente de trabalho, podemos contar com ela para uma hora dessas ser usada para nos forçar a fazer mais trabalho em menos tempo, o que pode despertar as paixões da administração, mas apenas encherá nossas vidas de mais labuta sem sentido.[63]

Fora do trabalho é a mesma história. Escolas veem seu papel primário como "preparar para a carreira", uma frase inofensiva que significa preparar as crianças para lidar com as merdas do trabalho. Mesmo as poucas horas que se supõem serem nossas são gastas na maioria das vezes lavando roupas, cozinhando, limpando, checando lições de casa, e todas as tarefas necessárias para nos prepararmos e às nossas famílias para o trabalho no dia seguinte.

A maioria de nós apenas experimenta a excitação do capitalismo como algo acontecendo em outro lugar: novos *gadgets* para os ricos, festas selvagens para celebridades, performances incríveis pra assistir do nosso sofá. Por outro lado, pelo menos a maior parte disso é melhor que "Harlem Shuffle".

Pior ainda, quando nós conseguimos tocar diretamente essa excitação, normalmente é por que vamos perder com ela. São os nossos empregos sendo substituídos por aquele incrível novo robô, nosso aluguel ficando caro demais depois que

---

63 Sobre "trabalhos de merda", ver a última entrevista que o antropólogo anarquista David Graeber concedeu em vida: jacobin.com.br/2020/09/a-ascensao-dos-empregos-de-merda/

aquela linda torre de luxo foi construída do outro lado da rua. Para adicionar insulto à injúria, nos dizem que se reclamarmos é porque somos contra o progresso.

O sacrifício dos indivíduos em nome do progresso social é tido como um dos "horrores do socialismo": um mundo gerido por burocratas sem rosto, que supostamente agem em nome do bem comum. No entanto, existem muitos tomadores de decisões invisíveis e não-eleitos sob o capitalismo, desde os agentes de convênio de saúde que não nos conhecem mas que podem determinar se a nossa cirurgia é "necessária", até as fundações bancadas por bilionários que declaram escolas que nunca visitaram como sendo casos de "fracasso".

O socialismo também envolve muito de mudanças, perturbação, e mesmo caos; mas este caos, como Hal Draper pode ter dito, vem de baixo.[64] Durante a Revolução Russa, o governo de Sovietes liderado pelos Bolcheviques tirou o casamento do controle da igreja um mês depois de tomar o poder, e permitiu que os casais se divorciassem por iniciativa de qualquer um dos parceiros (antes, apenas os homens poderiam pedir o divórcio).[65]

---

[64] Hal Draper foi um militante socialista dos Estados Unidos que famosamente discutiu a tradição do "socialismo desde baixo" em seu clássico ensaio "As duas almas do socialismo".

[65] Sobre a participação e as conquistas das mulheres durante a revolução russa, ver o artigo de Megan Trudell, "As mulheres de 1917": jacobin.com.br/2020/11/as-mulheres-de-1917/. E o artigo de Anne McShane sobre a revolucionária e dirigente bolchevique Alexandra Kollontai, "As mulheres no centro da revolução": jacobin.com.br/2021/03/as-mulheres-no-centro-da-revolucao/

Estas leis mudaram dramaticamente as dinâmicas familiares e as vidas das mulheres, como evidenciado por algumas das canções que se tornaram populares em vilas russas:

> Uma época havia em que meu esposo punhos e força usaria.
> Mas agora é tão carinhoso, teme que dele me divorciaria.
> Não temo mais meu esposo. Se não pudermos cooperar,
> Levarei meu caso à corte, iremos nos separar.

É claro, o divórcio pode ser tão doloroso quanto libertador. Revoluções mostram tudo sob uma nova luz, desde os nossos líderes até os nossos amados – o que pode ser excitante ou excruciante. "Eventos gigantes," escreveu Trotsky em um artigo de jornal de 1923, "desceram sobre a família em sua velha forma, a Guerra e Revolução. E atrás deles veio rastejando lentamente a toupeira subterrânea – o pensamento crítico, o estudo consciente e a avaliação das relações familiares e das formas de vida. Não espanta que este processo se reflita na forma mais íntima e, assim, mais dolorosa nos relacionamentos familiares."

Em outro artigo, Trotsky descreveu a experiência diária na Rússia Revolucionária como "o processo pelo qual a vida diária para as massas trabalhadoras está sendo destruída e tornada nova." Como o capitalismo, estes primeiros passos em direção ao socialismo ofereciam tanto a promessa de criação quanto a ameaça da destruição, mas com a diferença crucial de que as pessoas sobre as quais Trotsky escrevia estavam executando um papel ativo na determinação da maneira como seu mundo estava mudando. Estavam longe de ter controle completo, especialmente sobre a pobreza em massa e a falta de instrução que o Tsar e a Guerra Mundial haviam relegados a eles. Mas mesmo nestas condições miseráveis, os anos logo após a Revolução de Outubro demonstraram a excitação de uma sociedade em que novas portas estão abertas para as classes majoritárias pela primeira vez.

Houve uma explosão de arte e cultura.[66] Pintores e escultores de ponta decoravam as praças públicas das cidades russas com sua arte futurista. Que fique registrado, Lenin odiava os futuristas, mas isso não impediu o governo de bancar seu jornal, "A Arte da Comuna". Balés e teatros foram abertos para audiência de massa. Grupos culturais e comitês de trabalhadores se juntaram para trazer arte e treinamento artístico para as fábricas. O cineasta Sergei Eisenstein ganhou renome internacional por suas técnicas inovadoras em seus filmes descrevendo a Revolução Russa.

A tola premissa de "Harrison Bergeron" foi refutada. O socialismo não considerava os artistas talentosos como uma ameaça à "igualdade", nem encontrava uma contradição entre a apreciação de artistas individuais e a abertura das artes previamente elitistas para as massas de trabalhadores e peões.

As possibilidades do socialismo que o mundo vislumbrou na Rússia, por poucos anos, não foi um experimento estéril controlado por uma porção de teóricos, mas uma criação confusa e emocionante feita por dezenas de milhões de pessoas que se agrupavam rumo a uma forma diferente de gerir uma

---

[66] Ver, por exemplo, o artigo de Chris Randle, "As soviéticas que queriam moda para todos": jacobin.com.br/2022/05/as-sovieticas-que-queriam-moda-para-todos/

sociedade e de tratar uns aos outros, com todas as habilidades, impedimentos, e neuroses que haviam adquirido vivendo sob o capitalismo, nas horríveis circunstâncias de um país pobre e trucidado pela guerra. Erraram muito, mas também mostraram que o socialismo é uma possibilidade real, não um sonho utópico que não se encaixa com as necessidades de seres humanos reais. E a sociedade para a qual eles apontavam era um lugar onde igualdade não significava rebaixar, mas aumentar o nível cultural e intelectual geral da sociedade. Nos muitos contos, filmes, e outras representações artísticas do socialismo, há pouca menção às taxas de divórcio subindo ou a debates artísticos acalorados. A maioria delas, incluindo as que pretendem promover o socialismo, imagina uma sociedade sem conflito, o que as faz parecerem tão horripilantes.

Um problema similar existe dentro de muitos movimentos de protesto hoje, onde alguns militantes querem organizar grupos e assembleias em torno de um modelo de consenso, que significa que quase todos os presentes têm de concordar com uma decisão para que ela passe. O consenso pode às vezes ser um meio efetivo de construir confiança entre pessoas que não se conhecem, especialmente porque a maioria das pessoas nesta sociedade supostamente democrática não tem praticamente nenhuma experiência de participação no processo democrático de discussão, debate, e depois, em um voto majoritário.

Quando organizadores enxergam o consenso não como uma tática temporária mas como um modelo de como a sociedade deve ser gerida, porém, há um problema. Quero viver em uma sociedade democrática com conflitos e discussões, onde as pessoas não tenham medo de defender o que acreditam e que não se sintam pressionadas a suavizar suas opiniões para que, quando um acordo seja atingido, nós possamos fingir que todos concordamos. Se sua defesa do socialismo reside sobre a ideia de que as pessoas deixarão de entrar em discussões ou mesmo de ocasionalmente agir feito idiotas, você provavelmente deveria encontrar outra causa para defender.

O socialismo não será criado, Lenin escreveu, com "material humano abstrato, ou com material humano especialmente preparado por nós, mas com o material humano relegado a nós pelo capitalismo. Verdade, não será uma questão fácil, mas nenhuma outra abordagem para esta tarefa é séria o bastante para merecer discussão."

Para ser um socialista efetivo, é extremamente útil gostar de seres humanos. Não da humanidade como um conceito abstrato, mas das pessoas reais, suadas. Em "Tudo Que É Sólido Desmancha No Ar", Berman conta uma história sobre Robert Moses, o famoso planejador urbano da cidade de Nova Iorque que aplainava bairros inteiros que ficavam no caminho dos pontos exatos em que ele visualizava suas novas rodovias. Moses, disse um amigo uma vez, "amava o público, mas não como pessoas." Ele construiu parques, praias e rodovias para as massas usarem, mesmo detestando a maioria dos nova-iorquinos da classe trabalhadora que encontrava.

Amar o público, mas não as pessoas é também uma característica de socialistas elitistas, cuja fé reside mais em planos de desenvolvimento quinquenais, plantas utópicas, ou em vencer futuras eleições do que nas maravilhas que centenas de milhões podem atingir quando são inspiradas e emancipadas. Por isso suas visões para o socialismo são tão sem vida e imaginação.

Em contraste, Marx, que é constantemente apresentado como um intelectual isolado, era uma pessoa barulhenta, conflituosa, divertida e apaixonada, que uma vez declarou que seu dito favorito era a máxima: "sou um ser humano, nada do que é humano me é estranho." Acho difícil como um mundo governado pela maioria dos seres humanos, com todos os nossos gloriosos e enfurecedores diferentes talentos, personalidades, loucuras e paixões poderia ser chato.

Os socialistas não vão invadir minha casa?

Sofia Schurig e Marcelo Bamonte

Pode ficar em paz. Movimentos de luta pela terra, como o MST, *ou de luta por moradia, como o* MTST, *bem diferente do que a propaganda da direita quer passar, são os que mais lutam pelo direito de todos terem um teto e alimento para viver com dignidade.*

Historicamente, governos brasileiros de direita como o de Bolsonaro buscam, a todo custo, reverter conquistas históricas da classe trabalhadora, frutos de uma árdua luta coletiva que se desenvolve cotidianamente. Desde 2016, os ataques contra o MST (Movimento dos Trabalhadores Rurais Sem Terra) e MTST (Movimento dos Trabalhadores Sem Teto) se intensificaram. Escolhidos como inimigos preferenciais pelos conservadores e pela classe proprietária, são taxados como "terroristas vermelhos" e "invasores" da propriedade alheia, buscando legitimar a violência dos patrões e do Estado contra eles. A caracterização das organizações populares como "criminosas" não é apenas mera bravata que expressa acirramento da ofensiva ideológica reacionária, mas uma condição necessária a dar forma à política prática dos que visam aprofundar à situação de terra arrasada para a população trabalhadora brasileira – e justificar a continuidade de uma verdadeira guerra aos pobres.

Com o aprofundamento da crise social capitalista, escancarada com a chegada da pandemia de Covid-19, as contradições do sistema de classes vão se tornando cada vez mais nítidas. As elites se veem obrigadas a construir um consenso em torno da criminalização da luta popular. Qualquer protesto social militante é condenado de partida como intolerável. Mesmo diante desse cenário, a resistência do MST e MTST, principalmente após a eleição de Jair Bolsonaro em 2018, consegue pôr em questão esse consenso conservador, promovendo e expandindo suas lutas, suas alianças com outros setores da sociedade, e educando tanto sua base quanto a população em geral acerca dos objetivos e estratégias de seus movimentos. Com esforço e criatividade, esses movimentos têm conseguido construir vínculos de solidariedade com amplas camadas do povo brasileiro e conquistar a simpatia de pessoas que não estão ligadas a essas lutas específicas. Se antes considerava-se normal esbravejar que movimentos invasores buscavam ilegalmente ocupar locais de "pessoas comuns", as contradições da relação capital-trabalho fazem com que os trabalhadores – jogados novamente ao mapa da fome, desemprego e situação de rua – compreendam qual a verdadeira ameaça para suas vidas. E ela tem nome: capitalismo.

O MST não quer roubar seu sítio

Como presidente, Jair Bolsonaro ameaçou classificar as ocupações do MST como "terrorismo". Assim como seus pares na extrema direita, Bolsonaro não aceita os mais básicos direitos sociais estabelecidos pela Constituição de 1988. A reforma agrária, objetivo principal do movimento, é, pelo menos no papel, uma política do Estado brasileiro desde a redemocratização. O MST, uma das maiores e mais articuladas organizações de luta social da América Latina, foi fundado em 1984 com o objetivo histórico de erguer a bandeira da luta por uma reforma agrária no país – respondendo ao problema objetivo da brutal concentração fundiária no campo brasileiro. O esforço do MST já deu muitos frutos concretos, contribuindo diretamente para o assentamento de mais de 400 mil famílias. Outras 120 mil continuam à espera de um pedaço de chão, nos acampamentos organizados pelo movimento.

O MST luta por um direito, reconhecido expressamente na Constituição de 1988.[67] O artigo 186 afirma que a desapropriação de terras não só é permitida como recomendada quando uma propriedade não cumpre sua função social e não atende a uma série de requisitos, sendo eles: "aproveitamento racional e adequado; utilização adequada dos recursos naturais disponíveis e preservação do meio ambiente; observância das disposições que regulam as relações de trabalho; exploração que favoreça o bem-estar dos proprietários e dos trabalhadores." Realizar a reforma agrária, longe de ser uma demanda subversiva, é apenas uma exigência constitucional. O que o MST e outros movimentos do campo reclamam é que se cumpra o que o próprio ordenamento jurídico democrá-

[67] Sobre a atuação do MST sob governo bolsonaro, e a atualidade da luta pela reforma agrária, ver o artigo de Frederico Firmiano e Matheus Assunção: jacobin.com.br/2021/06/a-atualidade-da-reforma-agraria/

tico brasileiro já estabelece. "Criminoso", portanto, não é o movimento, mas o latifúndio.

Toda terra deve cumprir uma função social, ou seja, ter sua utilização correta, condizente com o bem-estar social coletivo. O Estado, portanto, pode intervir no título de tal propriedade privada caso ela não esteja cumprindo sua devida função. O que acontece é que muitas terras, concentradas na mão de latifundiários que promovem a especulação imobiliária, são improdutivas justamente para que a riqueza dos proprietários aumente cada vez mais, às custas de privações e sofrimentos para as famílias trabalhadoras.

Nas últimas décadas, uma parte do latifúndio improdutivo tem se convertido em agronegócio, e embora isso tenha se mostrado um grande negócio para os donos de terra, o mesmo não pode ser dito para os despossuídos. Como sempre, os lucros são privatizados, mas os prejuízos recaem nas costas dos que não tem nada: desmatamento e destruição do solo, envenenamento por agrotóxicos, grilagem e expulsão de camponeses de suas terras, invasão de territórios indígenas. O capital avança pelo campo, e o remodela a sua própria imagem, destruindo formas tradicionais de vida comunitária, proletarizando o campesinato, e devastando o meio ambiente.

A aliança entre fazendeiros, capital financeiro internacional, grandes projetos de energia e mineração, produz uma modernização não só muito mal distribuída como furiosamente violenta, enriquecendo uns poucos e empobrecendo as duas fontes originais de toda a riqueza: o trabalhador e a terra. Mas esses interesses são poderosos o bastante para capturar o poder político, daí a força da "bancada do boi" e sua influência nas decisões do executivo (basta olhar para o orçamento). Diante do abandono do Estado em relação aos mais pobres, não resta outra alternativa à população que não a organização militante, a ação coletiva e a luta confrontacional por direitos.

A luta prática em meio ao limite institucional

No Brasil, sob o infortúnio de contar com uma classe dominante particularmente autoritária e conservadora, estar na lei não significa que será aplicado. Apesar da letra da Constituição, a concentração de terras cresce e o número de desapropriações diminui. Em virtude da força do poder do dinheiro, o agronegócio é dono do país – não só dono das terras, como do parlamento. A propriedade privada, não a lei (para nem falar do povo), é quem reina soberana. Em 2010, latifúndios representavam 40% das grandes propriedades rurais brasileiras. Em 2015, aproximadamente 228 milhões de hectares estavam abandonados ou fora da sua função social, logo, aptos para a desapropriação.

Para quem é descrito como o "motor da economia brasileira" por empresários do campo e parte da mídia brasileira, o agronegócio exibe uma potência decepcionante. É muita propaganda para pouco vigor. Para além das regalias do financiamento estatal a juros baixíssimos, o agronegócio sequer consegue pagar suas dívidas, que sempre precisam ser renegociadas com uma boa dose de subsídio público, alongamento de prazos, ampliação de benefícios e coisas tais. A dívida do setor com o Estado brasileiro chegou a mais de R$ 700 bilhões em 2022, totalizando 22,4% do PIB nacional (R$ 1,5 trilhão), segundo a própria Associação Nacional de Defesa dos Agricultores, Andaterra. Tampouco o agronegócio gera empregos. O censo agropecuário de 2017 feito pelo IBGE também registra que apesar de ocupar 77% da área de todos os estabelecimentos agropecuários brasileiros, o agronegócio emprega apenas 33% dos trabalhadores do setor, enquanto a grande maioria (67%) trabalha na agricultura familiar.

Em meio a uma crise econômica sem precedentes, e as porteiras generosamente abertas para deixar passar uma boiada de políticas econômicas neoliberais passando, a inflação vai esvaziando o prato de comida na mesa das famílias trabalhadoras: já são perto de 20 milhões de brasileiros atingidos pela fome, e cerca de 55,2% da população em estado de insegurança alimentar (de acordo com o Inquérito Nacional sobre Segurança Alimentar no Contexto da Pandemia, da Rede Brasileira de Pesquisa em Soberania e Segurança Alimentar e Nutricional). A desapropriação de terras improdutivas, o assentamento de famílias e a disponibilização de recursos para a produção agroecológica e formação de cooperativas no campo são todos elementos cruciais para o fortalecimento da agricultura familiar e, consequentemente, para a erradicação da fome no país novamente.

A defesa de movimentos como o MST é uma pauta fundamental de todo socialista. Deslocar o centro do debate para a questão da soberania alimentar, e do direito universal à comida de qualidade, significa não apenas fortalecer a luta contra as mazelas do agronegócio, mas garantir a sobrevivência material dos trabalhadores pobres, para que possam seguir lutando por dias melhores. Agindo no limite do institucional, o movimento trava o bom combate pela conquista do devido e adequado uso social da terra. O já famoso boné vermelho, que traz um casal camponês com o punho ao alto e os contornos do Brasil ao fundo, é emblemático como imagem do país que podemos ser, mas é também uma questão de urgência prática para todos que querem ver uma classe trabalhadora forte e confiante, disposta a disputar e conquistar o poder político.

Não, o MTST não vai ocupar seu apartamento

A função social não apenas se estende para as propriedades rurais, mas também urbanas. A regulamentação se dá principalmente através do Estatuto da Cidade, que determina políticas de desenvolvimento urbano para promoção do desenvolvimento das funções sociais da cidade. Mas para além de qualquer lógica de direitos e bem estar coletivo, o mercado imobiliário se mostra um protagonista feroz, e nada "urbano", na disputa pelo destino dos territórios e pela própria conformação do espaço público, deformando a cara das nossas cidades. O centro da cidade de São Paulo, a cidade mais rica do país, é uma das áreas onde tal processo de gentrificação se torna mais nítido, por ser um dos locais com maior concentração de prédios abandonados no Brasil. Enquanto isso, a população de rua na cidade aumentou em cerca de 31,4% no ano de 2021.

É esse mapa de desigualdade que explica o aparecimento de movimentos como o MTST, que travam o combate por moradia digna, pressionando o Estado a cumprir as leis de função social e destinar áreas ociosas para a moradia social. Esses movimentos não "roubam" a casa de ninguém – "ao contrário, o Movimento conquista casas para pessoas que não têm". A maneira eficaz que o povo trabalhador encontrou para fazer valer seus direitos é ocupando "imóveis vazios e abandonados de grandes proprietários, em geral com dívidas milionárias com o Poder Público". Nada mais justo, já que "esses imóveis ocupados estão em situação ilegal, por não cumprirem a função social exigida pela Constituição e o Estatuto das Cidades", diz Guilherme Boulos, coordenador do MTST, sobre a falsa concepção de que o movimento quer "invadir a casa da gente".[68]

Do projeto à vitória

E não é só ocupar: o MTST acompanha de perto as iniciativas de moradia estatal e faz questão de lutar por melhorias em cada projeto. Como muitas vezes cabe a construtoras definir o local de novas construções de moradias populares, o movimento permanece atento para que as moradias sejam feitas com a melhor qualidade possível e tamanho digno para uma vida de boa qualidade – e isso envolve a luta para além do projeto, mapeando terrenos e supervisionando obras.

O Brasil possui um dos maiores números de trabalhadores do continente, com 80% da população habitando cidades metropolitanas. Logo, capitais urbanas são a maior expressão das contradições da luta de classes. O déficit habitacional no

[68] Sobre como o MTST resistiu e se organizou na pandemia para distribuir máscaras, oferecer auxílio jurídico e psicológico, alimentar famílias e continuar lutando por uma moradia digna para todos, ver o artigo do militante do movimento Rud Rafael, "Não morreremos de vírus, nem de bala e nem de fome": jacobin.com.br/2021/09/nao-morreremos-de-virus-nem-de-bala-e-nem-de-fome/

país, segundo o Instituto João Pinheiro, é de 5,8 milhões. Números de 2018 mostram, em contraste, que mais de 6 milhões de imóveis encontram-se desocupados ao redor do país. Há, portanto, mais moradias vazias do que pessoas morando nas ruas. É neste contexto que o MTST aplica sua tática de ocupações pontuais e planejadas.

Ao contrário do discurso da extrema direita, as ocupações dos trabalhadores sem-teto não são obras de vagabundos, ou tramadas por indivíduos desocupados. Os números do pós-pandemia não mentem: milhares perderam suas casas em todo território brasileiro porque não conseguem conciliar as despesas habitacionais com o custo de vida por causa dos baixos salários – e são justamente essas pessoas que vão engrossar as fileiras do movimento. Como os salários têm estagnado, e a renda das famílias trabalhadoras diminuído, mas os preços dos bens necessários para viver continuar a aumentar, muitas vezes essas famílias se vêem forçadas a escolher entre pagar o teto ou a comida. As políticas econômicas preferidas pela classe proprietária, e intensificadas desde o golpe de 2016, tornam insustentável que um trabalhador que receba o salário mínimo, de pouco mais de mil reais , consiga arcar com as despesas necessárias para manter as despesas da casa – água, luz, gás, aluguel.

Frequentemente, restam duas opções: se endividar com empréstimos bancários ou não pagar as contas. Em virtude do desemprego desenfreado no pós-pandemia, o MTST lançou a campanha "Contrate Quem Luta", uma ação realizada para facilitar a contratação de membros do movimento nos mais diversos tipos de serviço. A campanha não só é inspiradora no âmbito da luta popular, mas faz algo esquecido por parte da esquerda há um tempo: o aproveitamento das ferramentas tecnológicas de massa. Entrando em contato com um número disponibilizado pelo grupo, o receptor recebe um catálogo com todas as profissões realizadas pelos militantes. Em entrevista à imprensa, diversos trabalhadores engajados no movimento afirmaram só conseguirem organizar suas contas após o projeto.

A opressão contra os trabalhadores sem-teto não para nas medidas econômicas, mas se estende a perseguições, ameaças, ataques físicos e desapiedada repressão estatal. Em um trecho de seu livro,[69] Boulos descreve um relato de violência policial em uma ocupação em Osasco. A área havia sido ocupada um ano antes e era cercada de prédios abandonados, sem qualquer função social. "O major responsável pela operação disse secamente que era um despejo. 'Mas não fomos notificados, major!'. 'Não importa. Vocês têm dez minutos'. E assim foi. Em dez minutos, a tropa avançou pelo terreno e começou a arrombar a porta dos barracos. Pedi um tempo ao major para fazer uma reunião com os moradores e explicar o que estava acontecendo. Ele deu o tempo. Mas, quando mal tínhamos feito uma roda e começado a falar, jogaram uma bomba de gás lacrimogêneo em cima das pessoas. Idosos, grávidas, crianças de colo... todos correram tentando se proteger. Era apenas o começo de um dia de terror".

Todas as conquistas do MTST são parte de uma luta quase secular envolvendo ocupações, manifestações, assembleias e re-

---

[69] Uma parte do livro de Guilherme Boulos, "Sem Medo do Futuro", pode ser lida aqui: "O que aprendi com os sem-teto?" jacobin.com.br/2022/03/o-que-aprendi-com-os-sem-teto/

uniões de negociação com órgãos de Estado e privados. Diante dos ataques sofridos às ocupações e militantes, o preconceito joga a favor do grupo social minoritário que deseja maximizar seus lucros, mesmo que isso signifique que a maioria das pessoas não tenha um teto para morar. Fortalecer o MTST e os movimentos de lutas populares por moradia e direito à cidade é uma responsabilidade de todo socialista. A agudização da luta de classes nas principais capitais do país explicita o caráter de urgência de movimentos como o MTST. Só a luta muda a vida. Sem o MTST, não há dúvidas, a tarefa seria bem mais difícil.

O socialismo é coisa de homem branco europeu?

Rhaysa Ruas

Debates, às vezes bem acalorados, sobre raça, classe, gênero e sexualidade – e sobre como se conectam com a reprodução do sistema capitalista – estão no centro da política contemporânea. Análises economicistas indiferentes às relações sociais conhecidas como "opressões", por um lado, e afirmações de identidade que preferem ignorar o capital e a luta de classes, por outro, se enfrentam tanto nos espaços acadêmicos, quanto no interior dos movimentos sociais. Ambas estão erradas.

As consequências políticas dessas perspectivas unilaterais têm sido desastrosas. Parte da esquerda se apega a uma leitura abstrata sobre a classe, desenraizando-a de sua concretude e historicidade ao separá-la das "esferas" cultural e social. Com isso, afasta os setores mais despossuídos da classe trabalhadora, empurrando seus processos de resistência para a política liberal. Este equívoco contribuiu para o enfraquecimento das lutas socialistas a partir do final do século XX. O erro oposto tem sido recusar ou ignorar uma análise crítica do modo de produção e da luta de classes, criando estratégias políticas limitadas à ordem estabelecida – "reconhecendo" e "incluindo" as diferenças, mas apenas para reposicioná-las em um sistema já dado. Nenhuma dessas posições foram capazes de oferecer uma resistência efetiva que freasse o avanço predatório do capital; este se mostrou hábil em desenvolver versões superficialmente progressistas do neoliberalismo se utilizando do verniz da expansão do reconhecimento, assim como versões virulentamente reacionárias que apostam na essencialização das identidades e no conservadorismo de costumes.

Historicamente, a indiferença às relações de raça, gênero e sexualidade não traduz o movimento socialista. Ao contrário, o socialismo é transnacional e diverso e carrega um acúmulo de reflexão política construída a muitas mãos, de várias cores. Podemos encontrar inúmeros exemplos de militantes que se ocuparam em demonstrar o pertencimento integral destas relações sociais à acumulação capitalista, colocando-as no centro da pauta política; a começar pelo próprio Karl Marx, passando pelo feminismo-marxista, pelo marxismo negro e por elaborações periféricas como o marxismo africano, latino-americano, asiático.

No Brasil, este debate também se estendeu por todo o século XX, com a denúncia ativa do mito da democracia racial, por parte da intensa mobilização e intervenção do movimento negro e indígena. A longa trajetória de luta destes movimentos, frequentemente sob lideranças femininas, culminou no reconhecimento destas desigualdades na Constituição Federal de 1988 e influenciou os rumos do debate internacional. Pensadores e militantes da esquerda como Guerreiro Ramos, Clóvis Moura, Lélia Gonzalez, Carlos Hasenbalg, Edson Carneiro, Hamilton Cardoso, Heleieth Saffiotti, Vânia Bambirra, Florestan Fernandes, Octavio Ianni, Milton Santos, foram protagonistas desse processo.

Quero aqui discutir brevemente parte dos principais mitos, confusões e generalizações acerca do pensamento socialista que podem ser encontrados hoje no debate político e teórico sobre "as opressões" no Brasil. Parto de uma perspectiva feminista-marxista antirracista preocupada em recuperar, tanto em Marx quanto na tradição que chamo de marxismo atlântico ou amefricano, perspectivas não-hegemônicas que falam diretamente a nós, mulheres, negras e negros, latino-americanos – que foram fundamentais não apenas para a elaboração teórico-política das revoluções negras, socialistas e feministas do século XX, mas, sobretudo, continuam sendo atuais para pensar o futuro destes movimentos.

Mito 1. O marxismo é uma perspectiva eurocêntrica, branca e patriarcal.

Parte dessa percepção sobre Marx se deve ao desconhecimento do conjunto de sua obra. Os motivos são vários, e vão desde a contínua perseguição política a militantes e intelectuais marxistas, à seleção, tradução enviesada ou inacessibilidade de seus textos. Marx foi o primeiro pensador europeu a construir uma teoria baseada na prática política coletiva do proletariado em luta. Isso permitiu que ele analisasse a concretude da totalidade social em seu dinamismo, reconhecendo que a particularidade e a diferença ocupam um lugar de destaque para a compreensão do universal. Implacavelmente crítico da civilização europeia e preocupado em entender tanto o ocidente capitalista quanto as sociedades não-ocidentais a fim de transformar politicamente a realidade, não são poucas as evidências textuais disponíveis hoje acerca de sua postura antirracista e antissexista.

O materialismo histórico de Marx desmistifica o universalismo abstrato típico do liberalismo ao deslocar a lente sobre os processos históricos e as relações sociais do ponto de vista do burguês – branco, homem, proprietário, eurocentrado – para o ponto de vista de um proletariado multiverso e global, revelando assim que as relações de exploração e expropriação que o subordinam são o pressuposto ocultado pelas formas aparentes de liberdade e igualdade que constituem a sociedade burguesa. Portanto, "o universal" de Marx é um universal concreto e em construção, dinâmico e contestado; uma forma de universalidade insurgente enraizada na vida social, construída pelas lutas sociais no processo histórico.

Um estudo mais aprofundado de sua obra e vida revela a intensa rejeição filosófica e política de Marx ao paradigma colonialista que marcava a sociedade vitoriana, mostrando uma progressiva superação do eurocentrismo patriarcal na medida em que suas investigações avançavam no estudo das diferenças que constituíam o capitalismo global. Vemos um Marx cada vez mais interessado na questão nacional, tentando compreender e atacar os mecanismos de racialização atuantes na realidade concreta de sociedades na Europa, Ásia, África e América Latina, que serviam tanto para justificar o colonialismo quanto dividir a classe trabalhadora.

Logo ficou evidente para Marx que a construção de um movimento socialista de massas vitorioso e a superação do capitalismo dependiam do desmantelamento do sistema colonial e da escravidão nas Américas. Podemos encontrar em seus escritos tardios, inclusive em O Capital, duras críticas à subsunção de relações não-capitalistas pelo colonialismo europeu. Nelas Marx chegava a ver, inclusive, a possibilidade de traçar um caminho para a revolução socialista sem que tais sociedades passassem por qualquer tipo de "estágio" capitalista.

O percurso de desenvolvimento capitalista industrial da Europa Ocidental a partir do feudalismo não era visto como um "universal global" pelo qual todos os povos estariam condenados a transitar: essa trajetória tenderia a se impor como universal apenas na medida em que sua lógica se expandisse dominando outros modos de produção, porém caminhos alternativos de desenvolvimento não só eram de fato possíveis, como se conectavam a tipos de revoluções que nem sempre se encaixavam no modelo europeu centrado no trabalho industrial. A revolução na Europa passava a depender da revolução em outros lugares do mundo e vice-versa.

Há também inúmeras evidências de uma crescente postura antissexista em Marx, desde a dedicação à investigação das divisões de gênero em diferentes sociedades pré-capitalistas (Brown, 2012), à consideração das mulheres como um importante sujeito revolucionário após a análise da experiência da Comuna de Paris, acontecimento que marcou seu tempo (Dunayevskaya, 1958). Vale ressaltar também sua discussão sobre as mudanças nas relações familiares e de gênero provocadas pelo processo de industrialização capitalista, que, ao separar produção e reprodução social subordinando a última à primeira, dissolveu as antigas relações familiares entre os trabalhadores, mudando radicalmente suas condições de vida e a posição social de mulheres e crianças.

Mito 2. O socialismo é uma tradição pertencente à branquitude e reafirma a noção de supremacia dos trabalhadores brancos.

Um exemplo marcante do pensamento de Marx é justamente sua explícita e profunda discordância da noção predominante na Europa de seu tempo de que existiria uma supremacia racial branca sobre as outras "raças" humanas. Marx era direto e contundente ao condenar a tese pretensamente científica de racistas como Gobineau, afirmando que esta carecia de qualquer cientificidade e derivava pura e simplesmente de um profundo "rancor contra a raça negra" (Marx; Engels, 2010, p. 449). Marx não só se opunha veementemente à escravidão negra, como denunciava o racismo do trabalhador branco contra trabalhadores não-brancos como entrave à luta social, e, como um abolicionista convicto, agitava na defesa dessa causa no interior do movimento operário europeu: defendeu publicamente a solidariedade à luta antiescravista e criticava com vigor os que permaneciam silentes ou ambíguos neste debate. Durante a Guerra de Secessão estadunidense, foi um partidário da revolução dos escravizados e ressaltou a potência da classe trabalhadora negra. Declarou abertamente seu apoio crítico ao Norte e chegou a escrever uma carta para o então presidente Abraham Lincoln na qual previa a falência de um projeto emancipatório caso a solução da guerra não fosse uma revolução democrática que garantisse de fato a igualdade entre brancos e negros. Para Marx, a abolição da escravidão nas Américas e a construção de novas relações sociais a partir desta seria a condição necessária para que a revolução socialista pudesse ocorrer na Europa.

Do ponto de vista teórico, para Marx seria impossível admitir a existência de "raças humanas" como uma categoria natural ou biológica, o que seria contrário à sua compreensão da humanidade como uma comunidade fraterna e das relações humanas como socialmente construídas no processo histórico. Há em sua teoria da alienação um vasto caminho para o desenvolvimento de uma crítica racial e de gênero. Destruindo justificativas racistas para a continuidade da escravidão africana, Marx a denunciava como o eixo da revolução industrial, tão fundamental a esta, do ponto de vista dos capitalistas, quanto as máquinas e o crédito. Para Marx, sem o colonialismo e a escravidão não teria existido a indústria moderna. Em sua violência saqueadora e desumanizante, o capital já nasce pingando sangue e sujeira por todos os poros, da cabeça aos pés. Esta hipótese foi desenvolvida posteriormente pela pesquisa histórica de intelectuais socialistas afro-caribenhos, como C.L.R. James, Eric Williams, afro-latinos como Walter Rodney, e afro-brasileiros, como Clóvis Moura.

Para Marx, os trabalhadores escravizados e colonizados estavam submetidos à uma dupla opressão: tanto como proletários, quanto como membros de um grupo social oprimido, o que gerava uma dupla consciência e subjetividade revolucionária – perspectiva que no início do século XX deu origem aos estudos sobre a branquitude a partir da obra do socialista afro-estadunidense W.E.B. Du Bois.

Mito 3. O marxismo só se importa com a base econômica e relega o racismo e o machismo a meras elaborações ideológicas.

A preocupação da tradição marxista com a análise de classe e a dinâmica das estruturas sociais – com as tendências dominantes nas sociedades capitalistas – tem sido fundamental para a compreensão rigorosa das relações de opressão para além de dimensões comportamentais, episódicas, ou morais. É, de fato, possível encontrar leituras de Marx que acabaram por separar artificialmente a realidade social, de modo que as relações sociais vividas e as experiências dos sujeitos ficariam subordinadas à uma concepção de "base" econômica que, sinônimo do processo de produção, determinaria as demais "esferas" da vida social, sua "superestrutura" política, cultural, jurídica, ideológica.

Entretanto, cabe ressaltar que nem todos os marxistas se submeteram a esta leitura fragmentária e economicista das relações sociais. Outra compreensão do pensamento marxiano também compôs as fileiras do movimento socialista desde sua gênese, trazendo leituras mais complexas sobre as relações sociais que fogem ao positivismo e se centram no processo histórico, na totalidade social. Enquanto Antonio Gramsci teorizou sobre a unidade das relações entre o Estado e a sociedade civil, ressaltando o papel fundamental da cultura e dos intelectuais nesse processo, os chamados "marxistas culturais" – como Georg Lukács, Mariátegui, Walter Benjamin, ou Raymond Williams – exploraram ativamente as relações co-constitutivas entre cultura e sociedade em seu sentido mais amplo. Na década de 1960, E.P. Thompson e os socialistas da "história dos de baixo" foram fundamentais em demonstrar a dimensão desta realidade, e, embora nem sempre atentos às dimensões raciais e generificadas, abriram as portas para toda uma tradição de estudos neste sentido, levada a cabo sobretudo por feministas--marxistas e intelectuais antirracistas.

No Brasil, ainda na década de 1940, Clóvis Moura, pioneiro do estudo da subjetividade e das experiências coletivas do proletariado Atlântico, documentou as formas de resistência dos escravizados. Ao apontar, ao mesmo tempo, a indissociabilidade fundamental entre a questão do racismo e as questões de classe, assim como a insuficiência em se tratar a primeira apenas como desdobramento das últimas, Moura marcou época no pensamento socialista brasileiro.

Durante todo o século XX, feministas marxistas negras, como as socialistas lésbicas do Coletivo Combahee River , denunciaram tanto do ponto de vista teórico quanto prático que as experiências particulares moldadas pela raça, gênero e sexualidade determinam a consciência de classe e moldam a subjetividade dos trabalhadores de maneira decisiva. No Brasil da década de 1970, o Coletivo Nzinga avançou esta crítica frente à realidade periférica. As feministas socialistas da reprodução social, por exemplo, vão propor hoje uma reconstrução do significado de classe social, reafirmando a existência dos trabalhadores para além do local de trabalho – considerando a relação entre o trabalho produtor de valor, sob o domínio direto do capitalista, e a existência social dos trabalhadores para além deste domínio, como na esfera da produção cotidiana e geracional de suas vidas. Tal esfera, que envolve trabalhos não-remunerados como as tarefas domésticas e de cuidado, revela que a classe trabalhadora se compõe por meio de processos diferenciados: diferentes frações desta classe possuem diferentes níveis de acesso a aspectos básicos para produção e reprodução de sua força de trabalho, como alimentação, moradia, saúde, educação, lazer e transporte... e ao próprio trabalho remunerado, nem sempre sinônimo de trabalho livre e assalariado, ou ainda, de emprego formal. Estas diferentes posições sociais no interior do modo de produção – em si condições de possibilidade do processo produtivo – moldam diferentes subjetividades e diferentes estratégias de resistência no interior dessa classe.

Mito 4. A "política identitária" divide a classe trabalhadora criando falsos conflitos, e desvia o foco do problema central do capitalismo, que é a luta de classes.

Ao contrário do que costuma ser propagandeado ou reproduzido equivocadamente mesmo por pessoas que se dizem socialistas, a questão da subjetividade, do reconhecimento e das "políticas de identidade" é central para esta tradição. A crítica marxiana à produção de valor – enraizada na contradição entre trabalho concreto e abstrato – parte do reconhecimento da tensão irredutível entre o sujeito e o esforço contínuo do capital em subsumir sua subjetividade por formas abstratas de dominação: a transformação das diferenças concretamente existentes em identidade e a igualdade formal como garantia de coesão social em uma sociedade contraditória e fragmentada.

Essa transformação se deu historicamente através de formas extremamente violentas de constituição das subjetividades, na base do terror colonial (i.e., racial-generificado) como a caça às bruxas e a escravização, na atualização contínua destas formas de subjetivação, por meio, por exemplo, do tratamento penal e psiquiátrico da miséria, das formas contemporâneas de genocídio e de acesso segregado aos meios de produção da vida. As diferentes formas de resistência a estes processos de desumanização culminaram em lutas por reconhecimento da humanidade dos sujeitos oprimidos; lutas que, diante da negação mais profunda da humanidade, têm como a forma de resistência possível e necessária as políticas de reafirmação de identidades.

Rejeitando todas as formas de abstração que negam a multiplicidade da experiência humana e denunciando o universalismo pretensamente neutro da classe dominante, os socialistas sustentam que a subjetividade se efetiva historicamente na práxis objetiva da humanidade, em sua experiência compartilhada. O proletariado, como sujeito em luta, não se refere a uma posicionalidade exclusivamente branca, masculina, ou restrita ao operariado industrial. Ao contrário: ao considerar múltiplos processos de expropriação e resistência, é historicamente constituído por mulheres e subjetividades não-brancas, negros escravizados e trabalhadores superexplorados de diferentes nacionalidades.

Construindo a partir das bases lançadas pela crítica dialética desenvolvida pela tradição socialista, Fanon apontou para uma especificidade fundamental da opressão racial, que distingue seu *modus operandi* da opressão de classe: às pessoas racializadas é negado um mínimo de reconhecimento; o sujeito negro habita uma "zona do não-ser". Esta diferença produz uma sensação de que ambas as formas de opressão são fenômenos diferentes, como se uma não constituísse a outra. A dialética marxiana revela que a despeito dessa diferença ser muito concreta (uma forma de aparência real), ela só o é porque em sua essência, estas formas sociais constituem o mesmo fenômeno: como afirma Angela Davis, "o gênero e a raça são as formas pelas quais a classe é vivida".

Ora, a história do proletariado global é nada mais do que a história particular das experiências concretas e cotidianas vividas por africanos escravizados e tornados negros, de ganhadores fazendo a vida nas grandes cidades brasileiras ou de comunidades quilombolas formadas por aqueles que conseguiam fugir e produzir uma alternativa ao sistema colonial; por povos originários em luta contra invasores e bandeirantes na defesa ou retomada de suas terras; por camponeses pobres expulsos de suas terras na Europa e importados por governos racistas nas Américas; enfim, por mulheres, negros, indígenas, organizados em clubes secretos, revoltas locais, manifestações culturais e religiosas. Proletários são aquelas e aqueles que mesmo desterrados, objetificados, escravizados, explorados e expropriados de múltiplas formas, fizeram da resistência a própria vida e nunca se resignaram à zona do não-ser.

A compreensão da completa desumanização de frações inteiras da classe trabalhadora mundial ressalta tanto as diferenças objetivas na posição social de cada indivíduo quanto as contradições que envolvem a dupla consciência dos trabalhadores racializados como brancos ou não-brancos na heterogênea e conflituosa composição subjetiva do proletariado. Não há espaço na tradição socialista marxiana para argumentos que insistam que uma política de identidade pautada na luta por reconhecimento direcionada ao Estado não se dirija à raiz da questão, como se essa raiz residisse na "esfera" da economia. De forma alguma isto significa que as relações econômicas não tenham uma importância central na luta de classes; ao contrário, apenas reposiciona a questão para desmistificar tais relações, demonstrando que questões como os impactos psíquicos das opressões ou o cerceamento parcial ou total do acesso aos meios de produção da vida por processos discriminatórios moldam as relações econômicas, determinam a produção e reprodução da força de trabalho e constituem, materialmente, a própria classe.

Assim, se não é errado afirmar que não existe contradição ou separação entre as lutas por reconhecimento e pela revolução socialista, pois todas estas são momentos da luta de classes, isto não quer dizer que tais lutas sejam a mesma coisa ou que, tomadas separadamente, possuam o mesmo conteúdo material ou a mesma potencialidade de superar o modo de produção capitalista. A questão é mais complexa. Ao mesmo tempo que lutas por reconhecimento são o pressuposto da luta de classes, trazem consigo uma armadilha: a possibilidade de fixação em sua autoconstrução subjetiva, ou seja, de essencialização do sujeito na criação de uma forma de identidade fetichizada.

Diante da necessidade de não ficar preso ao particular – ou seja, ao orgulho de formas subjetivas fixas enquanto cerne da política de identidade – e nem o ignorar em nome de afirmar uma defesa abstrata da revolução proletária, Fanon demonstra que o desafio reside em encontrar o caminho que ao mesmo tempo evite essa fixação no particular e que alcance o universal sem ignorar que o pressuposto para a emancipação enquanto uma universalidade concreta necessariamente envolve o particular: a unidade na diversidade. A luta contra a desumanização não é uma particularidade dos grupos desumanizados, é uma luta de toda a classe trabalhadora. Implica a reconfiguração completa de todas as relações sociais atualmente existentes.

Mito 5. O socialismo não serve às lutas das pessoas em países do Sul Global.

Da mesma forma que não é verdade que Marx não se engajou na luta antirracista ou que tenha abraçado acriticamente o universalismo europeu, não é verdade que as pessoas em países periféricos historicamente mantiveram distância do marxismo ou não se engajaram em lutas socialistas. Reforçar esta falsa ideia é contribuir para o silenciamento de milhares de mulheres e homens não-brancos que construíram e constroem até hoje o socialismo. Como destaca Gonçalves (2019, p. 10), até meados do século XX, afirmações como estas soariam absurdas, pois a solidariedade socialista com povos subalternizados tornava esta tradição espaço natural das lutas dos povos, mulheres e países do Sul Global. Estes abraçaram e desenvolveram uma ou outra forma de marxismo e de socialismo, construindo uma práxis revolucionária própria. Por exemplo, em 1930, C.L.R. James trabalhava em sua clássica revisão da história da Revolução Haitiana, ao mesmo tempo em que compunha as fileiras do movimento socialista nos EUA. Na mesma época, Claudia Jones participava de greves de aluguéis e de compras no Brooklyn, denunciando a exclusão da comunidade negra de políticas como o New Deal, enquanto teorizava sobre a unidade e centralidade das relações de raça e gênero na exploração da classe trabalhadora. Intelectuais africanos, asiáticos e latino-americanos tiveram um papel fundamental em revelar as relações entre centro e periferia, revolucionando a compreensão do próprio capitalismo central, por meio de um conjunto de investigações capazes de explicar a história do "subdesenvolvimento" enquanto "história do desenvolvimento do sistema capitalista mundial" (Marini, 1977, p.3).

No Brasil, ainda na década de 1930, formou-se a Frente Negra Socialista, uma coalização de militantes socialistas negros que atuavam em diversas organizações políticas e na imprensa, não só construindo o movimento, como produzindo uma análise crítica sobre as relações raciais, fundamental para a compreensão do capitalismo brasileiro. Embora pouco conhecida, a atuação desses militantes socialistas foi crucial como contraposição às parcelas do movimento negro que flertavam com o fascismo. Tamanha era a organização negra socialista neste período – espalhada por clubes, grêmios recreativos, rodas de choro e de samba, terreiros de umbanda e candomblé, e demais locais de organização e reprodução da vida da classe trabalhadora negra e feminina –, que o primeiro candidato negro à presidência da república foi um comunista: Minervino de Oliveira. Comunistas também foram primeiros senadores e deputados negros a ocupar combativamente o parlamento brasileiro.

Clóvis Moura desvendou como ninguém a formação da classe trabalhadora brasileira, traçando a rebeldia negra como resistência desde os quilombos e senzalas, e assim desafiando aqueles que insistiam em entender o modo de produção escravagista como um período pré-capitalista e o racismo como mero resquício de uma sociedade superada pelo capitalismo. Moura reposicionou tanto a escravidão quanto o racismo como elementos constitutivos do próprio capitalismo, abrindo caminhos mais radicais no sentido de sua superação.

Já a Teoria Marxista da Dependência, desenvolvida por intelectuais revolucionários como Ruy Mauro Marini e Vânia Bambirra, desafiou não só a ordem vigente das ditaduras empresarial-militares do século XX (o que os empurrou para a clandestinidade), como o pensamento tido como progressista à época, desde o etapismo dos manuais soviéticos, até as cartilhas desenvolvimentistas que emanavam da Comissão Econômica para a América Latina e o Caribe (CEPAL). Esta tradição foi fundamental para o debate sobre a acumulação e o desenvolvimento capitalista a partir da realidade latino-americana, denunciando a superexploração estrutural da força de trabalho nesses países e as transferências de valor profundamente desiguais que sustentam as maiores economias capitalistas. Ao desvendar o caráter dependente, particular-porém-universal, do capitalismo brasileiro, estes intelectuais desenvolveram a perspectiva marxiana e demonstraram que "[...] o particular não é um exemplo do geral, [...] e sim a existência do geral mais rica de determinações que o próprio geral" (Gorender, 2011 [1978], p. 45).

O marxismo brasileiro não só produziu as análises mais profundas sobre o caráter específico do capitalismo diante de nossa formação social, como abriu caminho para uma real compreensão do capitalismo central e influenciou uma série de intelectuais e militantes negros indispensáveis para a interpretação da realidade nacional e construção do país, dos já citados Clóvis Moura e Lélia Gonzalez à Marielle Franco, em que pese a história de perseguição, golpes, assassinatos e táticas de desmobilização ativa por parte das classes dominantes contra o florescimento desta tradição em sua potencialidade mais radical.

Referências

Anderson, Kevin B. *Marx nas Margens: nacionalismo, etnia e sociedades não ocidentais*. Rio de Janeiro: Boitempo, 2019.

Bambirra, Vania. *O capitalismo dependente latino-americano*. 2.ed. Florianópolis: Insular, 2013.

Bhattacharya, Tithi (Org.). *Social Reproduction Theory: Remapping Class, Recentering Oppression*. London: Pluto Press, 2017.

Davis, Angela. *Mulheres, raça e classe*. São Paulo: Boitempo, 2016.

__________. "As mulheres negras na construção de uma nova utopia". 1997. Disponível em: <www.geledes.org.br/as-mulheres-negras-na-construcao-de-uma-nova-utopia-angela-davis/>.

Du Bois, W.E.B. *Black Reconstruction in America 1860-1880*. New York: Harcourt, Brace and Co, 1971 [1935].

Dunayevskaya, Raya. *Marxism and Freedom*. New York: Bookman Associates, 1958.

Engels, Friedrich. *A Origem da família, da propriedade privada e do Estado*. São Paulo: Editora Expressão Popular, 2010

Fanon, Frantz. *Peles Negras, Máscaras Brancas*. Salvador: Edufba, 2008.

Gilroy, Paul. *O Atlântico Negro: modernidade e dupla consciência*. São Paulo, Ed. 34/Rio de Janeiro, Universidade Cândido Mendes – Centro de Estudos Afro-Asiáticos, 2001.

Gorender, Jacob. *O escravismo colonial*. São Paulo: Editora Perseu Abramo, 2011.

Gonzalez, Lélia. *Por um feminismo afro-latino-americano: ensaios, intervenções e diálogos*. Organização: Flávia Rios e Márcia Lima. Rio de Janeiro: Zahar, 2020.

Hudis, Peter. "Racismo e a lógica do capital: uma reconsideração fanoniana". In: Rev. Direito Práx., Rio de Janeiro, Vol. 11, N.02, 2020 p. 1391-1417. Disponível em: www.e-publicacoes.uerj.br/index.php/revistaceaju/article/view/50064

James, C. L. R. *Os Jacobinos Negros: Toussaint L'Overture e a revolução de São Domingos*. São Paulo: Boitempo, 2000.

Jones, Claudia. "Um fim à negligência em relação aos problemas da mulher negra!" Tradução: Edilza Sotero e Keisha-Khan Y. Perry. In Estudos Feministas, Florianópolis, 25(3): 530, setembro-dezembro/2017

Marini, Ruy Mauro. "Dialética da Dependência". In: Traspadini, R; Stèdile J.P. (orgs) Ruy Mauro Marini: Vida e Obra. 2ed. São Paulo: Expressão Popular, 2011.

________________. *Subdesarrollo y revolución*. México: Siglo Veintiuno editores, 1977.

Marx, Karl; Engels, Friedrich. *Marx & Engels Collected Works*. Volume 43. Letters 1868-70. London: Lawrence & Wishart, 2010, p. 449.

Marx, Karl. *O Capital: crítica da economia política. Livro I: o processo de produção do capital*. São Paulo: Boitempo, 2013.

_________. *Miséria da Filosofia*. São Paulo: Boitempo, 2017.

_________. "A Abraham Lincoln, presidente dos Estados Unidos da América" [1865]. In: Musto, Marcello (org.). *Trabalhadores, uni-vos! Antologia Política da I Internacional.* São Paulo: Boitempo, 2015.

_________. "Mensagem à União Nacional do Trabalho dos Estados Unidos" [1869]. In: Musto, Marcello (org.). *Trabalhadores, uni-vos! Antologia Política da I Internacional.* São Paulo: Boitempo, 2015.

Moura, Clovis. *Brasil: Raízes do Protesto Negro*. São Paulo: Global Ed., 1983.

_________. *Dialética Radical do Brasil Negro*. São Paulo: Fundação Maurício Garbois e Editora Anita Garibaldi, 2014.

Nascimento, Abdias. *O quilombismo: documentos de uma militância pan-africanista.* Rio de Janeiro: Fundação Palmares, 2002.

Rodney, Walter. Como a Europa Subdesenvolveu a África. Lisboa: Seara Nova, 1975 [1972].

Roediger, David. *Wages of Whiteness: Race and the Making of the American Working Class*. Londres: Verso, 2007.

Shanin, Theodor. *Marx tardio e a via russa: Marx e as periferias do capitalismo*. São Paulo: Expressão Popular, 2019.

Williams, Eric. *Capitalismo e escravidão*. São Paulo: Companhia das Letras, 2012.

Esta coleção da revista Jacobin traz reflexões e indagações críticas sobre política, economia e cultura sob uma perspectiva socialista, como guia para uma prática política radical. Os livros oferecem uma análise engajada com a história e com as ideias da esquerda de um modo mais acessível.

Esta coleção é uma parceria entre a editora Autonomia Literária, Verso Books e a revista Jacobin, publicada no Brasil semestralmente em formato impresso e digital.

Outros títulos da coleção:

Quatro futuros: a vida após o capitalismo
de Peter Frase
Dando uma de puta: o trabalho das profissionais do sexo
de Melissa Gira Grant
Construindo a comuna: democracia radical na Venezuela
de George Ciccariello-Maher

Este livro foi composto em Adobe Garamond Pro e Futura.